BRUSELAS

INSÓLITA Y SECRETA

Nathalie Capart, Isabelle de Pange,
Nicolas van Beek y Florent Verstraeten

EDITORIAL JONGLEZ

guía de viaje

Ha sido un verdadero placer para nosotros elaborar la guía *Bruselas insólita y secreta* y esperamos que, al igual que a nosotros, le sirva de ayuda para seguir descubriendo aspectos insólitos, secretos o aún desconocidos de la ciudad. La descripción de algunos de los lugares se acompaña de unos recuadros temáticos que mencionan aspectos históricos o cuentan anécdotas, permitiendo así entender la ciudad en toda su complejidad.

Bruselas insólita y secreta señala los numerosos detalles de muchos de los lugares que frecuentamos a diario y en los que no nos solemos fijar. Son una invitación a observar con mayor atención el paisaje urbano y, de una forma más general, un medio para que descubran nuestra ciudad con la misma curiosidad y ganas con que viajan a otros lugares…

Cualquier comentario sobre la guía o información sobre lugares no mencionados en la misma serán bienvenidos. Nos permitirá completar las futuras ediciones de esta guía.

No duden en escribirnos:

Editorial Jonglez, 25, rue du Maréchal Foch,
78 000 Versailles, Francia
E-mail : info@editorialjonglez.com

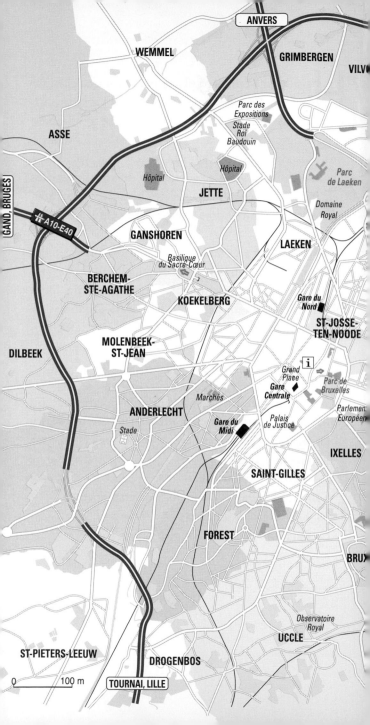

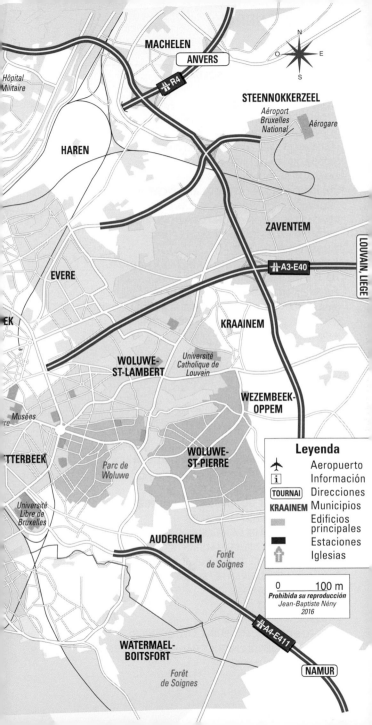

ÍNDICE GENERAL

Centro Oeste

Centro Este

Ixelles, Etterbeek y Quartier de L'europe

ÍNDICE GENERAL

Saint-Gilles y Forest

Anderlecht

ÍNDICE GENERAL

Molenbeek, Koekelberg y Laeken

Saint-Josse-Ten-Noode y Schaerbeek

ÍNDICE GENERAL

Uccle

Woluwe Saint-Pierre y Woluwe Saint-Lambert

Auderghem y Watermael-Boitsfort

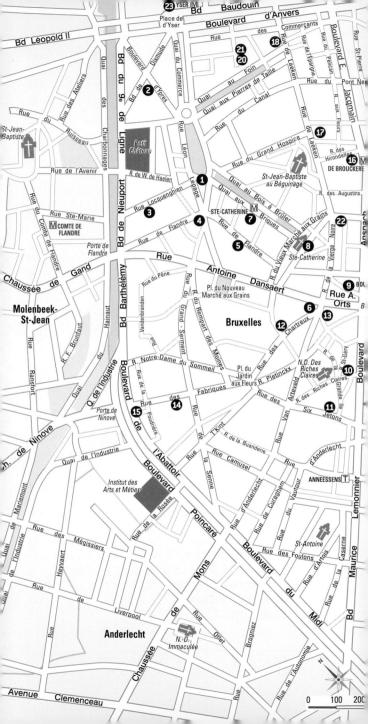

Centro Oeste

ESTATUA DE LA PALOMA-SOLDADO ①

*Bélgica cuenta todavía con 45.000 aficionados
a la colombofilia*

Square des Blindés
Cómo llegar: Metro Sainte-Catherine

Bélgica es con seguridad el único país del mundo con una estatua en honor a las palomas-soldado. Como resultado de una fuerte tradición colombófila (cría de palomas, especialmente mensajeras) ampliamente extendida ya con anterioridad a 1939 (había 130.000 aficionados a principios de siglo), Bélgica fue el único país en usar palomas mensajeras con fines militares durante la Segunda Guerra Mundial. Probablemente, Bélgica le debe esta tradición a la amplia población obrera de la región de Charleroi. Con medios limitados, los obreros encontraron en la colombofilia un pasatiempo de bajo coste con el que poder evadirse. Con el aumento del nivel de vida, el número de aficionados disminuyó (hoy en día son 45.000), pero aún continúan organizando concursos, que se han convertido en la razón de ser de su pasatiempo. La cincuentena de países que poseen una federación, organizan encuentros con regularidad en los que sueltan palomas que pueden llegar a recorrer distancias de hasta 1500 km.

La federación belga de colombofilia se encuentra en Ixelles, en la Rue de Livourne número 39. Les recibirá un secretario que estará encantado de responder a sus preguntas. Además podrán observar algunas de estas palomas al fondo del jardín.

La paloma mensajera

Ya sea liberada a 500 m o bien a 100 km de su casa, incluso en algunos casos a más de 1000 km, la paloma mensajera posee la increíble habilidad de saber regresar al lugar donde fue criada. Aunque todavía desconocemos la razón de sus excepcionales aptitudes, algunos atribuyen este don a la presencia de pequeños cristales en su cerebro. Las habilidades de las palomas mensajeras fueron descubiertas y utilizadas desde hace mucho tiempo.

En la invasión de la Galia, Julio César utilizó las palomas mensajeras para enviar mensajes a Roma e informar así de los avances de su misión.

Por otro lado, y para aclarar ciertos malentendidos, la paloma que vemos muchas veces en el cine, a la que alguien suelta con la intención de que lleve un mensaje y que después regrese, no existe. La paloma es "únicamente" capaz de regresar al lugar donde fue criada. Por eso, para enviar un mensaje a destinatarios situados en diferentes lugares, se deben llevar palomas que hayan sido criadas en el lugar al que se dirige el mensaje. Para enviar varios mensajes a un mismo destinatario, se debe llevar un número de palomas equivalente al número de envíos. En el viaje no hay nada de milagroso: para recibir los mensajes debemos viajar de palomar en palomar.

Los vestigios arquitectónicos de la época colonial

Como la sala Gran Eldorado del complejo de cines UGC de Brouckère (véase página 35), la decoración de algunos edificios del centro de Bruselas se inspira en la flora y la fauna del antiguo Congo belga y en particular en el plátano.

Observen, por ejemplo, el edificio en los números 75-79 de la Rue Antoine-Dansaert. Fue construido en 1927 por Eugène Dhuicque para el mayorista de frutas exóticas Gérard Koninckx Frères. Diseñado por Armand Paulis y ejecutado por el ceramista parisino Dhomme, el inmueble está decorado con multitud de motivos relacionados con el plátano, origen de la fortuna de numerosos comerciantes a principios del siglo XX.

Encontramos alguna otra huella del fructífero comercio del plátano en aquella época en el número 34 del Boulevard d'Ypres. Construido igualmente para Gérard Koninckx Frères, este bello edifico Art déco posee también una decoración de plátanos en la parte superior de las columnas de la fachada.

QUÉ VER EN LOS ALREDEDORES

Atelier Coppens ③

Place du Nouveau-Marché-Aux-Grains 23
Abierto de lunes a viernes de 9.30h a 16.00h
Para organizar visitas guiadas deben llamar al 02 538 08 13

Detrás de la Rue Dansaert, el Atelier Coppens (taller Coppens), a pesar de su bello cartel de neón, recibe pocas visitas de los turistas. Si se solicita con amabilidad, se puede observar al equipo del célebre estilista Christophe Coppens en plena faena: cosiendo, grapando, abrochando y haciendo sombreros y otros accesorios. Por 250 € (!), puede concertar una visita guiada para un pequeño grupo, en la que el propio dueño ejercerá de guía: durante 30 minutos Christophe Coppens muestra a los visitantes las diferentes etapas de la confección.

Rue de la Cigogne

Rue de Flandre 138-140 y Rue du Rempart-des-Moines

La Rue de la Cigogne (Calle de la Cigüeña) es probablemente una de las más bellas callejuelas de Bruselas. Cubierta de antiguos adoquines y delimitada por vetustas casas, posee un encanto rústico muy apreciado por sus habitantes. Al lado de la Rue du Rempart-des-Moines, la entrada dispone de un soportal coronado por una pequeña capilla con una estatua de San Roque, de autor desconocido, que data de 1780.

MAISON DU SPECTACLE - LA BELLONE

Casi invisible para el transeúnte, La Bellone posee una de las más bellas fachadas de Bruselas

Rue de Flandre 46
Tel: 02 513 33 33
Abierta de martes a viernes de 10.00h a 18.00h
www.bellone.be
Cómo llegar: Metro Sainte-Catherine

Invisible a primera vista, y por esta razón desconocida para gran parte de los bruselenses, la Casa de espectáculos – La Belona posee una de las más bellas fachadas de la capital. Hoy en día transformada en un centro dedicado a las artes escénicas, La Bellone alberga numerosas asociaciones como Contredanse, Les Brigittines (teatro y danza) o Les Midis de la Poésie (poesía, conferencias); una biblioteca; una sala de ensayo y salas de reunión. Desgraciadamente, sólo en raras ocasiones se celebran espectáculos dentro de sus salas, aunque se puede acudir a cenas con danza, conferencias u otras actividades que permiten al visitante disfrutar de esta maravilla arquitectónica.

Es igualmente posible visitar su fachada y dar una vuelta por el edificio en horas de oficina: de martes a viernes, de 10.00h a 18.00h. Si son discretos, podrán disfrutar tranquilamente de esta fachada construida entre 1697 y 1708 por Jean Cosyn, arquitecto y escultor que participó en la reconstrucción de la Grand-Place a partir de 1695.

Cojan un folleto explicativo en la entrada y paseen en busca de las numerosas curiosidades del edificio, como el busto de Bellone (Belona), diosa de la guerra de la antigüedad romana, que da nombre al lugar y que está rodeado de una panoplia de armas y banderolas.

Construida sobre una parcela del antiguo convento de las hermanas blancas de la Rosa de Jericó, la Bellone está llena de signos y símbolos cristianos. Las doce ventanas se asocian con los doce meses del año y con los doce apóstoles. El número siete se repite en numerosos lugares: el fasces (haz) que representa la ley en la basa de la tercera columna, a la izquierda de la puerta, está compuesta de siete varas; el gallo, en la basa de la primera columna a la derecha de la puerta, tiene siete plumas; el dintel de la puerta principal está decorado con siete "gotas" triangulares, y, por último, las columnas están decoradas con siete acanaladuras paralelas.

Debió ser en un día lluvioso (!) cuando surgió la idea de cubrir el patio interior de La Bellone. Se materializó en 1995, y eso nos permite hoy en día disfrutar de esta joya sin que nos lo impidan las inclemencias climatológicas. Es una pena, no obstante, que llueva tan a menudo, pues de otra forma podríamos disfrutar de esta fachada al aire libre, tal y como era en sus orígenes.

Desgraciadamente, al entrar quizá se tenga la impresión de estar visitando un museo.

Baños del café Greenwich

Rue des Chartreux 7

Construido en 1914, el célebre café Greenwich, lugar de encuentro de los jugadores de ajedrez de la ciudad, posee una bella decoración de 1916 que le confiere un ambiente agradable y auténtico, y que probablemente haya cambiado poco desde los años en que Magritte lo frecuentaba. Menos conocidos, sin embargo, son los maravillosos baños del sótano, también de la misma época. Merecen sin duda una visita.

Quai aux Briques 62 ⑦

Esta casa, ejemplo perfecto de la arquitectura del siglo XVII, tiene una bonita puerta de estilo barroco, coronada por un óculo y una dovela decorada con una barca que recuerda la vocación portuaria del barrio Sainte-Catherine. Este comunicaba antaño con el canal de Willebroek a través de estanques que se taparon en el siglo XIX.

URINARIO DE LA IGLESIA DE SAINTE-CATHERINE

El último urinario público operativo de la ciudad de Bruselas

Place Sainte-Catherine
Cómo llegar: Metro Sainte-Catherine

En el costado izquierdo de la iglesia de Sainte-Catherine sobrevive el último urinario público aún en funcionamiento de la ciudad de Bruselas. Aunque a primera vista la idea de visitar un urinario parezca poco atractiva, el mingitorio sorprende por su emplazamiento y porque en sí mismo explica la apasionante historia (!) del tratamiento de los excrementos humanos en una capital europea. Los problemas de la gestión de los excrementos surgieron con la progresiva concentración en las urbes. En el campo, los estercoleros y los establos suplían perfectamente a las letrinas, los deshechos eran reciclados y muy apreciados en una época donde los abonos químicos todavía no existían.

En la ciudad, la gente hacía sus necesidades en la calle y el municipio enviaba los deshechos al estercolero general. El crecimiento demográfico del siglo XIX, unido al problema de los malos olores (en la época se pensaba que los malos olores transmitían enfermedades), así como las consideraciones morales sobre el pudor, hicieron que poco a poco las autoridades se enfrentaran al problema. Bruselas instaló los primeros urinarios en 1845. Hoy en día nos sorprende encontrar este lugar de alivio en el muro de una iglesia... En realidad se trataba de educar a la población en nuevos hábitos, de ahí que se optaran por lugares muy frecuentados: colegios, iglesias o cualquier otro edifico público. El urinario de Sainte-Catherine es curioso también porque se puede observar, parcialmente, lo que sucede dentro. Recordemos que, además de la higiene, se quería evitar el libertinaje entre los usuarios... Observaremos, por otra parte, que las mujeres tenían prohibido el acceso: aparentemente eran capaces de controlar mejor su organismo.

Así que señoras, si no están dispuestas a desembolsar ni un euro por el uso de un WC en restaurantes y cafés, sepan que aliviar sus necesidades en la calle les habría supuesto entre uno y tres días de prisión en 1846... y que todavía en nuestros días la prohibición sigue vigente.

QUÉ VER EN LOS ALREDEDORES

Excavaciones arqueológicas en el hotel Marriott ⑨

Rue Paul Delvaux 4

En uno de los bares del hotel Marriott, al que se entra por la Rue Paul Delvaux, algunas vitrinas ilustran el resultado de las excavaciones arqueológicas que se llevaron a cabo aquí en 1999. El terreno sobre el que se levanta el hotel era una pequeña isla formada por tres brazos del río Senne, donde se criaban peces en estanques.

RECONSTRUCCIÓN DE UN TRAMO ⑩ DEL RÍO SENNE

Un tramo del Senne a cielo abierto en el centro de la ciudad

Rue Saint-Géry
Cómo llegar: Metro Sainte-Catherine
Abierto de lunes a viernes de 7.00h a 18.00h

Debemos agradecerle a la compañía Intede, mayorista textil, el haber situado sus oficinas en este bloque de edificios de Saint-Géry y el haber abierto su tienda al público. Con esta elección, Intede nos ha facilitado el acceso al último tramo del río Senne al aire libre que existe en el centro de Bruselas.

Es en este lugar donde el Senne se desdoblaba y formaba una isla, de ahí que en origen el barrio se conociese como el Islote Saint-Géry. El tramo que podemos visitar, al fondo del convento Riches-Claires, fue un brazo secundario del Senne. En la actualidad es una reconstrucción que no forma parte del río. Casi mejor, pues el Senne es un río nauseabundo, casi una cloaca que recibe todos los deshechos industriales que se generan río arriba. Aunque la planta depuradora de Bruselas Sur, ubicada cerca de Viangros, en la frontera entre Anderlecht y Forest, empezó a funcionar en otoño del 2000, la situación está lejos de mejorar.

Existen otros lugares donde se pueden apreciar tramos del Senne. El museo del alcantarillado de Anderlecht es uno de ellos (véase página 208-209). También se puede observar el Senne bajo tierra. Un poco más río arriba, el restaurante La Grand Écluse ofrece una visita a la esclusa que permitía regular el nivel de las aguas del Senne en la ciudad de Bruselas. Éste es el lugar donde el Senne se entierra. Todavía algo más río arriba, en la Rue des Vétérinaires en Anderlecht, encontramos la actual entrada al río subterráneo. Un poco más lejos, la ciudad se va esfumando y el Senne renace progresivamente.

QUÉ VER EN LOS ALREDEDORES

Instituto Técnico Annessens-Funck ⑪

Rue de la Grande-Île 39
Tel: 02 510 07 50

Construido en 1905 por el arquitecto E. van Acker, el instituto Annessens posee una bella fachada Art nouveau que bien podría haber salido de una tira de cómic de Schuiten y Peeters o de una película de ciencia ficción. Sede original de la empresa papelera de Bélgica, este edificio de hormigón tiene fines educativos desde 1949. La entrada también está decorada con una rica ornamentación hecha con azulejos.

ZINNEKEPIS

Con el Mannekenpis y la Jeannekenpis, la familia casi al completo...

En la esquina de la Rue des Chartreux y la Rue du Vieux-Marché-aux-Grains
Cómo llegar: Metro Bourse

El Zinnekenpis es una escultura que le da un genial toque de humor a la ciudad, y que simboliza la capacidad de los belgas para reírse de sí mismos. La escultura representa, simplemente, un perro orinando. Con el famoso Mannekenpis y su mujer, la Jeannekenpis, cerca de la Rue des Bouchers, la familia se completa.

Tom Frantzen, su creador, está especializado en esculturas urbanas basadas en la cultura popular belga. En la plaza Sainctelette, un "vaartkapoen" ("chico del canal"; un chico malo del otro lado del canal) sale de una alcantarilla e intenta agarrar a un policía que lleva el número 15, en homenaje al agente de Quique y Flupi de Hergé. En la esquina de la Rue du Midi y la Rue des Moineaux (no muy lejos del Zinnekenpis) podemos encontrar la escultura de "Madame Chapeau", el célebre personaje de Bossemans et Coppenolle, protagonista de una pieza de teatro que representa los malentendidos entre dos familias de aficionados de dos equipos de fútbol adversarios: la Union Saint-Gilloise y el Daring Club de Bruselas.

QUÉ VER EN LOS ALREDEDORES
Árboles luminosos de la rue des Chartreux   ⑬

Rue des Chartreux
Cómo llegar: Metro Bourse

Podríamos pasar cien veces delante de ellos sin darnos cuenta. Esto es lo que le ocurre a la mayor parte de la gente que se acerca al barrio de Saint-Géry a tomar una copa o a cenar en la famosa Rue Antoine-Dansaert. Es una pena, porque la Rue des Chartreux ofrece un ejemplo de esos pequeños detalles urbanos que hacen que una ciudad sea atractiva y brillante.

Situados en el primer tramo de la Rue des Chartreux, encontramos los dos árboles metálicos luminosos instalados en diciembre de 1998. Al mismo tiempo árboles, esculturas y farolas, estos árboles luminosos animan el paisaje urbano bruselense. Con una altura de cinco metros, se componen de un tronco metálico central y de ramas en forma de tentáculos que terminan en pequeñas lámparas que proyectan una luz difusa sobre la vereda y los transeúntes.

Obra del artista italiano Enzo Catellani, estos árboles de una novedosa especie fueron regalados a la ciudad de Bruselas por la empresa Rova, patrocinadores de la renovación de este barrio. Son un buen ejemplo del trabajo de la empresa Catellani et Smith, especializada en iluminación y en el desarrollo de proyectos únicos que unen el arte con la artesanía. Esta operación se une a un proyecto más global de las autoridades de manejo del espacio público y el Medio Ambiente, que consiste en dinamizar y dar un nuevo impulso a los barrios del centro de la ciudad.

TOUR À PLOMBS

Esto no es una chimenea

Rue des Fabriques 54
Cómo llegar: Tranvías números 18 y 52, parada Porte-de-Nivone
Abierto normalmente pero no siempre, entre las 9.00h y las 17.00h

De lejos, la Tour à Plombs (torre de perdigones) parece una chimenea más de las muchas que se pueden ver en Bruselas. A priori no parece ser muy original, y sin embargo la chimenea en cuestión es la última torre de esta clase que se conserva en la Europa continental. Construida hacia 1885 por la empresa de fundición Pelgrims et Bombeeck, la torre se usó hasta 1940 para fabricar perdigones mediante un original procedimiento inventado en 1792 por William Watts, en Bristol (Inglaterra). Para acceder a lo más alto de esta torre, que tiene una altura de 55 metros y un diámetro de 5 metros, se debe usar una escalera de caracol iluminada por aspilleras. Hoy en día intransitable, se puede ver la escalera metiendo la cabeza en el interior de la torre. Eso sí, debe tener cuidado con los excrementos de las palomas, que tienen allí su domicilio. En lo alto de la torre se fundía el plomo en una caldera en cuyo fondo había unos pequeños huecos. El plomo líquido caía en forma de gotas. Salía a más de 300 grados de temperatura, y en el descenso de 55 metros se iba enfriando. Las piezas de plomo eran recogidas al final de la caída por una cubeta llena de sulfato, donde eran trabajadas, calibradas y envueltas con grafito para convertirlas en perdigones.

Declarado Monumento Histórico en 1984, la Tour à Plombs está hoy en día bastante deteriorada. Se encuentra en el entorno de un anexo del departamento de Artes y Oficios reservado para estudiantes de Odontología, Óptica y Enfermería. Llamen con energía a la puerta a horas razonables. Uno de los guardianes les abrirá y, si lo solicitan con la suficiente amabilidad, quizá acceda a mostrarles más de cerca este dinosaurio de la edad de oro de una industria ya lejana.

El campanario que originalmente coronaba la torre ha desaparecido y los edificios que sobreviven están en un estado ruinoso. Es, sin embargo, una visita perfecta para los románticos, que disfrutarán deambulando por este extraordinario vestigio industrial y tratando de imaginar cómo era el lugar en la época en que estaba en funcionamiento.

FUENTE FISIOGNÓMICA DE MAGRITTE

Encuentren la cara del pintor

Place de Ninove

En la Place de Ninove nada desentona en el trajín diario de los bruselenses: ni las filas de casas neoclásicas ni los viejos árboles, ni siquiera la fuente de piedra azul que adorna el centro de la plaza. Y sin embargo…

Si observan de cerca la base adornada con molduras de la fuente, bastante clásica a primera vista, verán un doble perfil en negativo a ambos lados, delimitado en cada extremo por la fina capa de agua que cae de la pila. ¿Les resulta familiar? Es la cara de Magritte, representada con destreza de una manera muy apreciada por Luca Maria Patella, autor de esta obra colocada aquí en 2002.

Este artista italiano, creador de los "jarrones fisiognómicos", usó la misma técnica para esculpir en mármol los perfiles de Goethe, Diderot, Duchamp o d'Annunzio (para saber más, visiten su web "oficial y oficiosa": http://lucapatella.altervista.org). Pero en esta ocasión, se ha superado: ¿qué mejor homenaje al pintor de los misterios que esta aparición fantasmagórica que ronda una fuente de barrio cualquiera?

SALLE GRAN ELDORADO
MULTICINES UGC DE BROUCKÈRE

Memorias de África: una sala de cine Art déco, con decoración selvática y con la cabeza de un elefante

Place De Brouckère 38
Cómo llegar: Metro De Brouckère
Tel: 09 00 10 440

Aunque los multicines UGC De Brouckère son muy conocidos, la maravillosa sala "Gran Eldorado" muchas veces pasa inadvertida. Perdida entre las otras doce con las que cuenta el cine, esta gran sala con 700 plazas es una joya del estilo Art déco. Construida entre 1931 y 1933 por el arquitecto de Lieja Marcel Chabot, la sala formaba parte en otros tiempos del cine Eldorado, que se fusionó en 1974 con la Scala. Después de diversas peripecias y de un cierre, UGC invirtió de nuevo en el complejo en 1992 y renovó la famosa sala para convertirla en la bandera de su red de cines en Bélgica. Y la magia funciona. Es realmente una delicia sentarse cómodamente y admirar los detalles de los bajorrelieves mientras se espera a que comience la sesión. La cabeza de un elefante en una esquina, una decoración que nos remite a la selva en la otra, hace que nos sintamos casi en África. ¡Vaya contraste con el resto de las impersonales salas del complejo De Brouckère o de otros Kinépolis! Es una pena que en el programa semanal del UGC De Brouckère no se mencione siquiera cuál es la película que tiene el honor de ser proyectada en el "Gran Eldorado".

Para aquellos que disfrutan de la decoración con motivos exóticos, realicen por el centro de la ciudad la pequeña ruta del plátano (véase p. 19).

MUSÉE BELGE
DE LA FRANC-MAÇONNERIE

*Todo lo que usted siempre quiso saber sobre
la masonería y nunca se atrevió a preguntar*

Rue de Laeken 79
Cómo llegar: Metros Sainte-Catherine o De Brouckère
Tel/Fax: 02 223 06 04
*Abierto todos los jueves de 14.00h a 17.00h, salvo los días feriados, y con cita
previa para las visitas guiadas*

Tarente de señalización alguna, al museo belga de la Francmasonería no se llega por azar. Dado el escaso número de visitantes, es muy probable que cuando lo visiten se encuentren prácticamente solos, con la compañía de las dos amables responsables del museo. Obséquienles una sonrisa y ellas estarán encantadas de guiarles personalmente a través de las diferentes vitrinas del museo y de responder a sus preguntas sin ningún pudor.

Podrán conocer los orígenes históricos de la masonería, el significado de los diferentes símbolos clásicos como el compás, la escuadra, los signos del tipo .:, la simbología subyacente a las referencias a Hiram, etc. Les serán revelados algunos personajes célebres que han sido masones, los orígenes del misterio y las fantasías que circulan alrededor de la francmasonería; en resumen, todo o casi todo lo que usted siempre quiso saber sobre la masonería y nunca se atrevió a preguntar.

Por último, para aquellos que se preguntan cuál es la finalidad de los masones, ésta es la respuesta dada por A. Uyttebrouck: « Simbólicamente, el francmasón trabaja en la construcción de un templo para la humanidad: un templo interior, es decir, por el progreso del individuo mismo, mediante un mejor conocimiento de sí mismo; y un templo exterior, es decir, el progreso de la humanidad ».

Impasse van Hoeter ⑱

Quai aux Foins 13-15

Uno de los más bellos patios interiores del centro de Bruselas. Construido en 1948 por C. Van Hoeter, este impasse, o callejón sin salida, alberga doce viviendas cuyas fachadas están recubiertas de plantas trepadoras que le confieren un carácter íntimo. Posee un bello pórtico a la entrada.

THÉÂTRE PLAZA

Una preciosa sala de estilo morisco

Boulevard Adolphe-Max 118-126

Solicitando la visita en la recepción del hotel Plaza, podrán acceder al magnífico teatro del hotel, una antigua sala de cine de 460 m² que fue declarado monumento histórico por decreto real.

Construido en 1930 es un estilo hispano-morisco único en su género, el teatro es una pequeña joya arquitectónica que ha conservado los palcos, las lámparas de pared de la época, el escenario y las decoraciones de las paredes de inspiración andaluza y ricamente esculpidas. El espacio se puede alquilar para todo tipo de eventos (aforo para 800 personas)

HOTEL DE PASO STUDIO 2000

*Cinco habitaciones decoradas para ayudarles
a cumplir sus fantasías*

Rue Van-Gaver 16-24, se puede salir por la Rue des Commerçants 40
Cómo llegar: Metro Yser
Tel: 02 218 33 38
Habitación alrededor de 25 €. Vídeo: 6,5 €

El Studio 2000 es probablemente el hotel de paso (u hotel por horas) más impresionante de Bruselas. Todo comienza en una calle donde abundan este tipo de lugares. Pero a diferencia de otros hoteles de paso o casas de citas, éste posee dos entradas. Una de ellas es claramente visible, para aquellos que asumen las consecuencias. A la otra, para aquellos que demandan algo más de discreción, se accede directamente desde un parking cuya entrada está situada a unos metros a la izquierda de la puerta principal, en el número 16. Opten por esta entrada, la del garaje del número 24. Al dejar el coche y dirigirse a la puerta de entrada, se sorprenderán al toparse con varias estatuas religiosas situadas al lado de la puerta. Den una vuelta y se darán cuenta que no se trata de una sola, sino que son más de una docena de estatuas -que representan a varios santos y a la virgen- las que les dan la bienvenida. ¡El propietario ha llegado hasta el punto de construir un pequeño ofertorio para los que quieran encender una vela o arrodillarse delante de una imagen de Jesús! Una excelente idea para aquellos que tengan la necesidad de confesar sus pecados inmediatamente después de haberlos cometido.

Para aquellos que no quieran dejar ningún rastro, es posible salir por una discreta puerta a la izquierda del pequeño altar, al final del pasillo.

Lleguen en coche al parking de la Rue Van-Gaver número 24, salgan después por la puerta de un edificio totalmente respetable en el número 40 de la Rue des Commerçants, ¿quién podría sospechar de lo que han hecho entretanto?

QUÉ VER EN LOS ALREDEDORES
Rue des Commerçants 32 y 36 ㉑

En la esquina con la Rue Van-Gaver, donde abunda un tipo de comercio un tanto particular, los curiosos o los clientes de los hoteles de paso o casas de citas de los alrededores pueden disfrutar de las bellas fachadas de dos edificios neogóticos construidos por Hennessier, así como de la escultura de una virgen que parece observar tristemente el espectáculo que acontece frente a ella.

Parking 58 ㉒
Esquina de la Rue de l'Évêque con la Rue de la Vierge-Noire
Abierto de 7.00h a 1.00h de lunes a jueves, de 7.00h a 2.00h viernes y sábados, y de 10.00h a 1.00h los domingos
El parking 58, situado a dos pasos del Boulevard Anspach, es asombroso. Cuando recién se entra en su edificio de modernas formas no parece gran cosa, pero cuando vayan a aparcar su vehículo procuren hacerlo en la última planta y se encontrarán con una sorpresa: un estacionamiento al aire libre con una espléndida vista de Bruselas. También se puede acceder caminando.

GRANJA DEL PARQUE MAXIMILIEN ㉓

Una granja de verdad, en pleno centro de la ciudad

Quai du Batelage 21
Cómo llegar: Metro Yser
Tel: 02 201 56 09
Abierto el martes de 13.00h a 18.00h y de miércoles a sábado de 10.00h a 18.00h (cierra a las 16.00h de septiembre a marzo)

La granja del parque Maximilien es un lugar absolutamente extraordinario, a sólo diez minutos a pie de la Grand-Place. Circunvalado por los modernos edificios del barrio de la Gare du Nord, por el Petit Ring y por el inmenso taller Citroën de la Place de l'Yser, esta granja urbana brinda un poco de aire fresco a la gran ciudad. Además nos ofrece unas escenas de lo más insólitas: una oveja que pace tranquilamente en la hierba de la granja; pollos comiendo el grano en la parte de atrás de un garaje Art déco o de un edificio de estilo Haussmann; una cabra que se pasea por delante de un inmenso bloque de pisos de protección oficial.

Una vez dentro, paséense tranquilamente por este trozo del campo dentro del corazón de la ciudad, den de comer a los patos o a los conejos, recojan los huevos y cuiden del huerto o del resto del vergel. Continuamente se organizan talleres que giran en torno a este tipo de actividades, generalmente con el fin de sensibilizar a los visitantes sobre temas ambientales y de protección de la naturaleza. También hay actividades para niños y para grupos escolares. Los días de lluvia, disfruten de una sesión de bricolaje dentro de la granja.

La granja, que fue creada en los años 90 para sustituir un parking, se ha convertido en un lugar con gran afluencia de público.

En la esquina del Boulevard Baudouin con la Avenue de l'Héliport, fíjense también en las tres esculturas de acero que representan a los animales de la granja: un gallo, un cerdo y una vaca. Instalados en octubre de 1999 a algunos metros de la entrada de la granja, sirven para anunciar su presencia, y son obras del artista belga Pierre Martens, pintor, serígrafista y escultor.

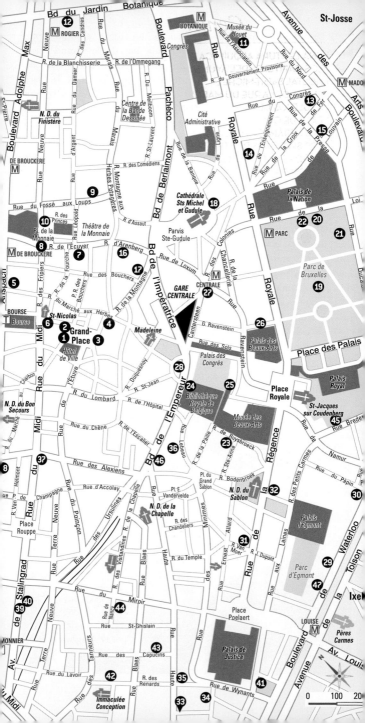

Centro Este

UNA LECTURA ALQUÍMICA DE LA GRAND-PLACE

Las siete operaciones que se deben realizar para obtener la piedra filosofal están aquí representadas

Cómo llegar: Gare-Centrale (Estación Central)

La conocidísima Grand-Place de Bruselas, merecedora de numerosos halagos y comentarios de diversa naturaleza, puede ser también objeto de un análisis esotérico mucho menos conocido pero no por ello menos interesante. Desarrollada por Paul de Saint-Hilaire, esta teoría, puesta en duda por numerosos especialistas, sostiene que la Grand-Place es uno de los lugares claves de la francmasonería en Bruselas. Sin reproducir aquí toda su historia, recordaremos que la mayor parte de la plaza fue destruida en 1695 durante los bombardeos del mariscal de Villeroi, que pretendía sitiar la ciudad de Bruselas en nombre de Luis XIV. A partir de este hecho histórico, Paul de Saint-Hilaire sienta las bases para su interpretación y descubre una lectura masónica de la plaza. Según él, la reconstrucción de la plaza estuvo a cargo de arquitectos francmasones que llenaron los edificios de símbolos masónicos y alquímicos. En la superposición de los tres órdenes arquitectónicos clásicos (dórico, jónico y corintio), que se encuentran en numerosas casas de la plaza, Paul de Saint-Hilaire ve una correspondencia directa con los tres grados simbólicos de la masonería: aprendiz, compañero y maestro. Sin embargo, algunos historiadores argumentan que esta sucesión de órdenes es muy frecuente en las composiciones barrocas de gran envergadura. Saint-Hilaire continúa con su explicación. Para él, las siete calles que desembocan en la plaza se dividen en siete grupos de construcciones, que están compuestos en su mayor parte por siete casas y que se corresponden con las siete operaciones que se deben realizar para obtener la piedra filosofal. La primera operación se correspondería con las casas de los números 39 al 34, a las que se debería añadir una séptima casa, la conocida como Notre-Dame-de Paix, en el número 46 de la Rue au Beurre. Las siete casas del noreste (núms. 20 al 28) corresponden a la segunda operación. Ana y José, situados bajo el mismo techo en la casa número 22, representarían entonces la alianza masculina-femenina, simbolizada por la coalición del sulfuro y el mercurio. La Maison du Roi (la casa del rey) representa la tercera operación: el águila bicéfala de la entrada indicaría la exitosa amalgama de los principios masculino y femenino, del rey y la reina, a los que se refería un lema inscrito en 1767 en la fachada, hoy en día desaparecido. La Maison du Roi nos conduce al famoso edificio "Roi d'Espagne" (rey de España, núms. 1 y 2), cuya cúpula octogonal representaría el athanor, el horno donde se realiza la amalgama. Después conviene retirar el crisol del fuego con una "carretilla" (núm. 3) antes de aislarlo en un "saco" (núm. 4). Seguidamente se sopla sobre la vasija con la ayuda de un tubo especial, la "corneta" (núm. 6), una acción simbolizada también por los cuatro vientos visibles en lo alto de la popa de las embarcaciones. Los alquimistas también daban el nombre de "barco" o "pez" a la materia sólida que aparece en la superficie líquida cuando se coagula. La quinta operación se leería en una parte del grupo de edificios del Este, la Maison des ducs de Brabant (casa de los duques de Brabante); y la sexta en el grupo del Sur, del número 14 al número 8, la llamada "Estrella", el astro de los alquimistas, tan brillante como la piedra filosofal recién obtenida. Finalmente, el Ayuntamiento (Hôtel de Ville) simbolizaría la séptima y última operación. Según Paul de Saint-Hilaire, la asimetría del edificio tiene una explicación alquímica: el primer método para la obtención de la piedra filosofal constaba de doce operaciones que corresponden a los doce arcos del edificio, cuyas primeras piedras fueron puestas en 1402. El alquimista Nicolas Flames, que murió en 1418, inventó en Santiago de Compostela un nuevo método que requería sólo de siete pasos, la vía corta o seca, que sería representada por los siete arcos del ala derecha, construidos con posterioridad. Aquellos que quieran conocer más detalles pueden consultar la guía Bruxelles mystérieux de Paul de Saint-Hilaire (hoy en día descatalogada, pero se puede encontrar en librerías de ocasión) o el folleto Itinéraire de la franc-maçonnerie à Bruxelles, editado por la Société Royale Belge de Géographie.

LOS CAPITELES DEL AYUNTAMIENTO

Jeroglíficos medievales esculpidos en la piedra

Grand-Place
Cómo llegar: Metro Gare Centrale

Las estatuas que adornan la fachada del ayuntamiento esconden muy bien sus secretos. Bajo la mirada un tanto austera de las casi 300 esculturas que parecen medievales, pero que son totalmente neogóticas (colocadas en los distintos nichos en torno a 1850), unos jeroglíficos medievales auténticos se ocultan en los capiteles, las claves de bóveda y las ménsulas tipo *cul-de-lampe* de la galería del ala derecha. Dan los nombres de las casas que antaño había aquí antes de ser demolidas para construir el ala derecha del ayuntamiento hacia 1440.

Como recuerdo a estas ancestrales edificaciones, los escultores decoraron los capiteles con escenas graciosas: empezando por la izquierda, en la primera escena unos personajes apilan alegremente unas sillas con la ayuda de unas grandes palas. Combinando las palabras flamencas silla (*stoel*) y pala (*scup*), se obtiene la palabra *scupstoel*, que significa estrapada, o garrucha, una cruel tortura que aplicaban a los prisioneros causándoles la muerte. Esta palabra recuerda que la Grand-Place fue el lugar de las ejecuciones durante mucho tiempo, ya que el detenido sufría su castigo frente a la sala de justicia del ayuntamiento. En un estilo mucho más liviano, el capitel del medio muestra a unos monjes con jarras de cerveza en las manos, festejando en un sótano. La casa se llamaba *papenkelder*, el sótano de los monjes. El último, y el más complejo, se compone de dos escenas, a la derecha, unos amantes se besan en un harén y, a la izquierda, una madre da el pecho a su hijo cerca de la cuna. La casa se llamaba De Moer, pero cuando se construyó el ayuntamiento, nadie parecía recordar el origen de este nombre: ¿hacía referencia a los moros (*Moer*) o era una deformación de *Moeder*, madre? Los artistas optaron por una solución intermedia y esculpieron ambas posibilidades en la piedra.

HOSTAL SAINT-MICHEL

*Un secreto bien guardado: se puede pasar
la noche en un hotel, a precios razonables,
en la misma Grand-Place*

Grand-Place 15
Cómo llegar: Metro Gare-Centrale
Tel: 02 511 09 56
Precio: de 100 € € a 140 €

Pocos turistas lo conocen. Pocos bruselenses imaginan que sea posible. El hostal Saint-Michel es un secreto muy bien guardado, situado en la misma Grand-Place. Para aquellos que quieran vivir unas noches dentro de lo que Jean Cocteau definía como "el más bello teatro del mundo", aquí tienen su oportunidad: una quincena de habitaciones del Hostal Saint-Michel dan directamente a la plaza. Pasar algunos minutos, al caer la noche, recostado sobre uno de sus balcones, es una verdadera delicia. Por un precio muy razonable podrán despertarse delante de la más maravillosa vista de la ciudad y contemplar más de tres siglos de historia. Después del bombardeo de 1695, la casa de los duques de Brabante, donde se sitúa el hotel, fue reconstruida al año siguiente por el arquitecto Debruyn y este grupo de siete casas (del núm. 13 al núm. 19) se unió bajo un mismo frontón. El edificio del núm. 15, llamado la Fortuna, fue adquirido por el gremio de curtidores. Hoy en día los curtidores han abandonado la Grand-Place, como la mayor parte de los gremios, para dejar lugar a estas habitaciones sencillas y limpias. Tengan en cuenta que las habitaciones sin vista son más pequeñas y económicas, pero, evidentemente, tienen menos interés. El recibimiento y la atención son muy esmerados.

QUÉ VER EN LOS ALREDEDORES:
Placa de la Rue du Marché-aux-Herbes 85 ④

Millares de turistas pasan delante de esta placa, a apenas unos metros de la Grand-Place, sin prestarle atención. Contiene una información muy importante y patriótica. Fue aquí, el 26 de agosto de 1830, donde Madame Abts confeccionó las dos primeras banderas belgas.

QUÉ VER EN LOS ALREDEDORES:

Azulejos de Privat-Livemont ⑤

Grande Maison de Blanc, Rue du Marché-aux-Poulets 32.

Formidable fachada con 13 magníficos paneles, obra de Privat Livemont, creados para gloria de la industria y del comercio. La fachada está en restauración (¡desde el 2000!) y por lo tanto se requiere un poco de paciencia para llegar a apreciar plenamente las radiantes figuras femeninas, realzadas con espléndidos esgrafiados florales. El edificio estaba sufriendo un grave deterioro hasta que se fue declarado edificio histórico en 1991. Es obra del arquitecto Oscar François, quien construyó este edificio comercial monumental en 1896 para un comerciante de telas.

Presten atención también al edificio situado al frente, en el número 41: posee unos bellos esgrafiados muy coloridos, que lamentablemente están bastante dañados.

Bala de cañón de la iglesia de Saint-Nicolas ⑥
Rue de Tabora

Muy conocida por los bruselenses -sobre todo por las pintorescas casitas pegadas a su fachada suroeste-, la iglesia de Saint-Nicolas ofrece un sorprendente vestigio del bombardeo de la ciudad por el mariscal de Villeroi en 1695: a la entrada de la nave hay una bala de cañón incrustada a tres metros de altura en la quinta columna a la derecha.

Las cerámicas del restaurante Chez Vincent ⑦
Rue des Dominicains 8-10
Tel. 02 511 26 07 o 02 511 23 03
Abierto todos los días de 12.00h a 14.45h y de 18.30h a 23.30h (22.30h los domingos)

Admiren su fachada y sobre todo la bella decoración interior con azulejos de la Société Helman, fechados en 1913. Éste es el único interior de la región bruselense alicatado de suelo a techo. Los paneles de azulejos ilustran escenas de pesca y paisajes rurales. La comida tradicional es bastante buena. Platos alrededor de 25 €.

LOS SECRETOS DEL TEATRO REAL DE LA MONNAIE

Del vestíbulo a los talleres, La Monnaie se deja ver

Place de la Monnaie
www.lamonnaie.be
Visita guiada todos los sábados a las 12:00 h, de septiembre a junio
Precio: 8 € (5 € para menores de 26 años y mayores de 65). No es necesario reservar
Cómo llegar: Metro De Brouckère

La visita del Teatro Real de la Monnaie, todos los sábados a las 12:00 h en punto, invita a colarse del otro lado del telón y descubrir el mágico mundo de este teatro en cuyas paredes resuenan las voces más famosas de los últimos 300 años.

La visita empieza en el vestíbulo, donde la atmósfera es ya suntuosa, exquisita y elegante. Dos majestuosas escalinatas flanqueadas por numerosos querubines descienden al amplio vestíbulo donde el tema predominante es el diseño plástico contemporáneo. Desde los años 1980, una inmensa pintura de Sam Francis, un tríptico animado con formas orgánicas móviles de colores intensos, decora el techo del vestíbulo. El suelo, por el contrario, está cubierto de baldosas con dibujos geométricos en un riguroso blanco y negro de Sol Hewitt. La visita continúa en el auditorio decorado con dorados, trampantojos y querubines. La decoración es obra de Joseph Poelaert, arquitecto del Palacio de Justicia, a quien, tras el incendio que destruyó casi todo el teatro en 1855, se le encargó su reconstrucción. Fiel a su estilo inimitable y a su gusto por lo prolífico, mejoró el auditorio con varios símbolos relacionados con la Bélgica recién independizada, tales como las iniciales SPQB (Senatus Populus Que Bruxellensis), el monograma de Leopoldo II así como el enorme fresco que decora el techo, en el que una alegoría de Bélgica protege las artes... Los palcos que rodean el auditorio, cuidadosamente drapeados con tela rojo cardenal, no siempre fueron así. La nobleza los alquilaba año con año y cada palco estaba decorado al gusto de su arrendatario. Por lo tanto, hay que imaginarlos adornados con los colores de moda de los siglos XVIII y XIX.

En cuanto al silencio respetuoso que hoy recibe a los cantantes, es un invento de principios del siglo XX. Antes, los espectadores solían hablar a gritos entre ellos durante la actuación, saliendo y entrando al auditorio para calentarse en el Grand Foyer, único sitio caliente del teatro.

La Monnaie también son los 1001 oficios artesanos necesarios para producir una ópera: modistas, arquitectos, sombrereros, fabricantes de pelucas, zapateros, escultores, carpinteros y demás, que crean y construyen, día a día, el sueño y la magia, que hacen de la ópera un universo magnífico y legendario. La originalidad de esta visita guiada reside precisamente en el hecho de que los visitantes crucen las puertas de este mundo tan a menudo mantenido en secreto.

Una vez levantado el telón sobre la realidad de esta institución, solo queda cruzar sus puertas una noche de función y vivir la experiencia única que ofrece el espectáculo en vivo.

BAÑOS DEL RESTAURANTE "BELGA QUEEN"

¡Atención! La puerta de los baños no se torna opaca hasta que no la cerramos con pestillo

Rue de Fossé-aux-Loups 32
Cómo llegar: Metro De Brouckère
Tel: 02 217 21 87
Abierto todos los días de 12.00h a 14.30h y de 19.00h a 24.00h

Abierto en marzo de 2002, el Belga Queen es un restaurante de moda situado en un bello edificio del siglo XVIII. Del banco que fue en el pasado (el Crédit du Nord Belge), sólo queda una bella cámara acorazada y una bonita cristalera desde la que mirar la antigua sala de las cajas. Pero la verdadera originalidad de esta creación de Antoine Pinto son sus baños.

A la entrada, encontramos una habitación con los lavamanos que son comunes para hombres y mujeres. También hay una puerta para hombres y otra para mujeres. Hasta aquí, nada que sea muy original, si no fuera porque todas las puertas son transparentes y que una vez que se entra en el espacio reservado para hombres, por ejemplo, se toparán con otra puerta transparente. Dudarán si entrar o no, temiendo que todo el mundo pueda observarles. Y eso es lo que ocurrirá si no se dan cuenta del truco: solamente cuando se cierra el pestillo la puerta se vuelve opaca...

Más allá del innegable aspecto lúdico que supone usar estos baños, es divertido pasar un rato frente a ellos y observar la reacción de la gente: desde la mujer que no se da cuenta de nada y al final ni siquiera cierra la puerta hasta los que se niegan a entrar, o incluso el hombre que aprovecha descaradamente para mostrar su trasero mientras la puerta se vuelve opaca. Seguro que se echarán unas risas e incluso tendrán la posibilidad de conocer gente.

La cocina es tradicional, con sabor nacional pero con un toque moderno: correcta, pero un poco cara. Pero ya ven que la comida no es la principal razón por la que este lugar merece una visita.

QUÉ VER EN LOS ALREDEDORES

Brasserie La Lunette

Place de la Monnaie 3
Tel: 02 218 03 78
Abierto todos los días de 9.00h a 1.00h (2.00h los fines de semana)

Estamos en Bélgica y La Lunette es una brasserie donde disfrutar del sentido del humor del país. Para gastar una bromita a alguno de sus amigos, sólo es necesaria una condición: tener sed. Pida un litro de cerveza, pero antes de que se la lleven, vaya a ver al propietario y pida discretamente que lo sirvan en una de los siete vasos trucados de los que dispone la brasserie. Espere a que su amigo tome un sorbo y… la broma surtirá su efecto: ¡una buena parte de la cerveza caerá en la camisa del incauto!

MUSÉE DU JOUET

*Entrada gratuita si van acompañados
de sus osos de peluche*

Rue de l'Association 24
Cómo llegar: Metro Botanique o Madou
Tel: 02 219 61 68
*Abierto todos los días del año de 10.00h a 12.00h y de 14.00h a 18.00h o bajo
cita concertada*
*Entrada: 6,5 € para los adultos, 5,5 € para los niños y grupos.Gratuito el
segundo fin de semana de enero para los visitantes que vayan acompañados de
sus osos de peluche (!)*

Instalado en un bello hôtel de maître de 1000 m², el Museo del Juguete es un lugar estancado en el tiempo. Aunque oficialmente el museo se dirige a niños de 2 a 102 años, "es posible hacer excepciones". Así lo anuncia maliciosamente el boletín del museo. Los miércoles y sábados, el museo está lleno de niños que se divierten con los juguetes que hacen parte de su colección: columpios, utensilios de cocina, coches a pedales, patinetes y otros juguetes mecánicos antiguos o modernos. El dinámico conservador de este Museo también contribuye al encanto del lugar haciendo una demostración del funcionamiento de algunos juguetes antiguos, como el maravilloso teatro de marionetas. Además, es posible celebrar cumpleaños dentro del museo con refrescos, tarta de chocolate y velas por 7,5 € cada niño.

El resto de la semana el museo está prácticamente vacío y la visita adquiere otro matiz. Guiados por el conservador, Monsieur Raemdonck, podrán descubrir el misterioso y un tanto loco mundo de los coleccionistas. Como la mujer que colecciona jirafas (¡tiene más de 2000!) y que se pasa de vez en cuando por el museo para darse una vuelta. ¡El conservador ha visitado hasta ahora 128 museos del juguete de todo el mundo, e incluso elige el destino de sus viajes en función de la existencia o la inauguración de uno de estos museos!

QUÉ VER EN LOS ALREDEDORES
Pharmacie Botanique ⑫
Boulevard du Jardin-Botanique 36
Tel./Fax: 02 217 29 70
Abierta de lunes a viernes de 8.30h a 18.00h
Con una bella decoración de 1911-1912, en la farmacia prácticamente nada ha cambiado desde entonces.

NEVEROS DE LA PLACE SURLET DE CHOKIER

Ganchos donde los carniceros colgaban la carne que almacenaban

Place Surlet de Chokier 15-17
Cómo llegar: Metro Madou
Se pueden ver durante las Jornadas del Patrimonio o previa petición llamando al 02 801 72 11

Durante las Jornadas del Patrimonio o previa petición al gobierno de la federación Valonia-Bruselas situada en esta plaza (ver teléfono más arriba), se pueden visitar los sorprendentes y desconocidos neveros de la Place Surlet de Chokier.

Estas dos grandes salas, a las que se accede por una escalera pequeña y estrecha, se descubrieron en 1989 de pura casualidad durante la construcción del edificio del gobierno de la federación Valonia-Bruselas. Fue al excavar debajo del edificio para construir un aparcamiento cuando los obreros descubrieron este inmenso nevero de 19 000 m³. Gracias a los ganchos en los que los carniceros colgaban la carne, los historiadores pudieron comprender el uso que se le daba a este lugar.

Desde la edad de bronce, el hombre buscaba la manera de conservar, durante el verano, el hielo acumulado en invierno, metiéndolo en cavidades subterráneas, cuevas, pozos o neveros. Los neveros se multiplicaron en los siglos XVII y XVIII no solo para la conservación de alimentos y la fabricación de la cerveza sino también por razones médicas e industriales: muchos castillos y propiedades agrícolas tenían su propio nevero.

En las ciudades, sin embargo, se construían grandes neveros colectivos: en invierno se cortaba el hielo natural en los estanques vecinos o se transportaba por barco desde regiones más frías.

En el siglo XIX, Bruselas tenía más de treinta empresas activas en el sector del hielo. Hacia 1860, la llegada de la máquina de vapor permitió crear nuevas técnicas de producción de hielo artificial que acabaron con esta actividad económica poco antes de la Primera Guerra Mundial. En un primer tiempo, los neveros sirvieron de lugar de almacenamiento del hielo producido artificialmente, pero terminaron por no ser de utilidad y cayeron en el olvido.

ANTIGUA CAMISERÍA NIGUET
DANIEL OST - FLORISTA

*Templo del Art nouveau, la antigua camisería
es ahora un templo del arte floral*

Rue Royale 13
Cómo llegar: Metro Parc
Abierto de lunes a sábado de 10.00h a 19.00h

Olvidada durante mucho tiempo, deteriorada poco a poco por los sucesivos inquilinos, y finalmente abandonada, la antigua camisería Niguet resurgió de sus cenizas en 2003, después de tres años y once meses de trabajos de restauración. Hoy en día, el local es el escaparate del florista Daniel Ost. Le debemos agradecer el haber conseguido un equilibrio perfecto entre la funcionalidad y la forma: ¿Y qué mejor que la tienda de un florista en la más fina flor del Art nouveau? Antes de su llegada, los curiosos tenían que contentarse con admirar, sorprendidos, su magnífica fachada Art nouveau: es imposible no recalar en sus extravagantes nudos y curvas de madera que se ajustan admirablemente, en ritmo y volumen, alrededor del escaparate. El número 13 de la Rue Royale es una de las primeras creaciones de Paul Hankar (1859-1901), muy popular desde su inauguración en 1896.

Las formas curvas, aunque típicas del Art nouveau, son sorprendentes si las comparamos con otras obras de este arquitecto, más partidario de las variantes geométricas del estilo. El interior, sin embargo, se acerca más a sus trabajos previos, gracias a las magníficas decoraciones murales de Adolphe Crespin (su colaborador habitual) y los motivos en aspa, muy característicos de este arquitecto.

Disfruten de su visita porque quedan ya muy pocos ejemplos de este tipo de tiendas: los establecimientos comerciales son raramente declarados patrimonio histórico porque su evolución se considera inevitable...

Atención: visiten el lugar en horario de apertura. Una vez cerrado, las bellas decoraciones de madera quedan escondidas tras la verja.

QUÉ VER EN LOS ALREDEDORES

Farmacia Van Damme ⑮

Rue de Louvain 22
Abierta de lunes a viernes de 7.45h a 18.00h

Una preciosa farmacia construida en 1826 y restaurada en 1876, después de un incendio. El bello mobiliario que posee en la actualidad es de esa época.

CINÉMA NOVA

Esta sala de cine alternativo de hormigón visto es una pequeña joya de la arquitectura underground

Rue d'Arenberg 3
Cómo llegar: Metro Gare-Centrale
Tel: 02 511 24 77
www.nova-cinema.com

A tres minutos a pie de la Grand-Place, el Nova es probablemente el cine más atípico de Bruselas y un lugar que no deben perderse. Asistir a una sesión en esta sala con decoración casi industrial es un verdadero placer, quizá un tanto desconcertante.

Instalado en un edificio construido a finales del XIX, la sala Nova fue previamente un cabaret, un teatro de vodevil y a finales de los años 30 un cine de arte y ensayo: el estudio Arenberg. Después de muchas transformaciones, el estudio Arenberg cerró sus puertas en mayo de 1987, y la sala se comenzó a usar como guardamuebles.

Diez años más tarde, en enero de 1997, la asociación Nova se encargó del lugar y creó una sala de cine alternativo. Hoy en día es una pequeña joya de la arquitectura underground, sin alfombras ni terciopelos, sin adornos ni decoraciones de época, sino más bien al contrario, cubierta de hormigón visto. Y ahí reside su encanto.

La programación está exclusivamente dedicada a filmes y vídeos de producciones independientes. Además de cine de autor lituano, filmes experimentales o cortometrajes, la sala acoge igualmente algunos pequeños festivales especializados, como el cada vez más reconocido festival de cine fantástico que se celebra cada mes de marzo.

Por último, no olviden tomar algo en el bar del sótano, construido con el mismo estilo postmoderno y sede habitual de exposiciones, conciertos y otras actividades artísticas.

QUÉ VER EN LOS ALREDEDORES
Résidence Centrale ⑰
Rue de la Montagne 52

En el número 52 de la maltrecha (por la construcción de hoteles sin alma) Rue de la Montagne, se esconde una pequeña joya de tranquilidad. Tras cruzar la entrada (casi siempre abierta), entrarán en un patio animado por el suave gorgoteo del agua. Los edificios que lo rodean se construyeron en 1943 siguiendo la estética modernista de los planos del arquitecto Linssen. En el centro de uno de los estanques, una preciosa fuente de bronce patinado de 1953 soporta la figura de una ingenua joven en cuclillas, obra delicada y deliciosamente traviesa del artista de origen rumano Idel Ianchelevici.

LA LEYENDA DE LAS VIDRIERAS DE LA CATEDRAL DE SAN MIGUEL Y SANTA GÚDULA

Una leyenda antisemita

Catedral de San Miguel y Santa Gúdula
Place Sainte-Gudule
Cómo llegar: Metro Gare Centrale

Al fondo de la nave derecha de la catedral de San Miguel y Santa Gúdula, 15 preciosas vidrieras de colores cuentan una leyenda del siglo XIV que cuestiona seriamente a la comunidad judía de Bruselas. Con el tiempo, se demostró que esta historia se inventó con fines antisemitas. En los años 1970 se colocó una placa sobre este asunto en la capilla del Santo Sacramento. Estas son las 15 vidrieras en detalle:

- Vidriera 1: un banquero llamado Jonathas le pide a Jean de Louvain que robe para él unas hostias a cambio de 60 moutons d'or (moneda con un cordero de oro),

- Vidriera 2: Jonathas paga a Jean y en presencia de amigos se burla de las hostias,

- Vidriera 3: como represalia Jonathas es asesinado en su jardín delante de su hijo horrorizado,

- Vidriera 4: la viuda y el hijo de Jonathas se refugian en la comunidad de los judíos de Bruselas y les dan las hostias,

- Vidriera 5: los judíos reunidos en la sinagoga colocan las hostias sobre la mesa y clavan un puñal en ellas. Milagrosamente, sale sangre de las hostias,

- Vidriera 6: los judíos preocupados quieren deshacerse de las hostias y encargan a Catalina que las devuelva a los judíos de Colonia,

- Vidriera 7: en vez de ir a Colonia, Catalina va a casa de su párroco,

- Vidriera 8: Catalina es interrogada por el duque y la duquesa de Brabante,

- Vidriera 9: los judíos confiesan su delito, tras lo cual son condenados a morir en la hoguera,

- Vidriera 10: el obispo de Cambrai debe resolver un conflicto entre la iglesia de Nuestra Señora de la Capilla y la catedral ya que ambas reivindican estas hostias milagrosas,

- Vidriera 11: un joven tejedor ve un haz de luz salir del tabernáculo que custodia las hostias,

- Vidriera 12: Margarita de Austria organiza la procesión del Santísimo Sacramento para celebrar las hostias milagrosas,

- Vidriera 13: durante las guerras religiosas, las autoridades temen que las hostias sean destruidas y deciden esconderlas una primera vez,

- Vidriera 14: deciden esconderlas de nuevo, esta vez dentro de la viga de una casa. Con la calma ya instalada, el obispo viene en persona a sacarlas de la viga. Más tarde ese trozo de viga fue incrustado en la capilla del Santo Sacramento donde hoy sigue estando,

- Vidriera 15: el cardenal "vuelve a instalar" el Santísimo Sacramento entregando un documento al párroco de la iglesia.

EL PARQUE DE BRUSELAS

El plano secreto del Parque de Bruselas

Cómo llegar: Metro Parc

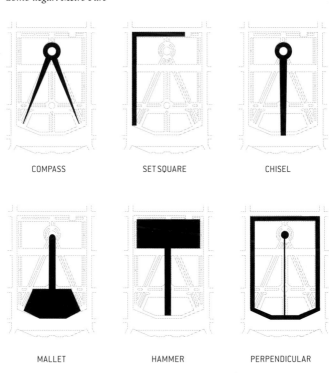

COMPASS

SET SQUARE

CHISEL

MALLET

HAMMER

PERPENDICULAR

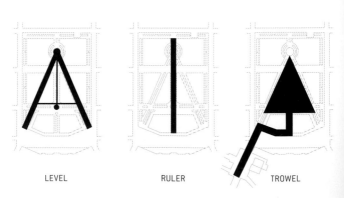

LEVEL

RULER

TROWEL

El parque de Bruselas, diseñado en 1776-1777 por Joachim Zinner, jardinero de la Corte, y Barnabé Guimard, fue concebido según la estética de los jardines neoclásicos franceses, con un plano basado en una simetría perfecta.

El historiador Paul de Saint-Hilaire ve algo que va más allá de la simetría. Según él, "a los ojos de quien quiere ver", el plano ha sido diseñado siguiendo principios esotéricos y francmasónicos muy precisos. Aun cuando sus explicaciones deben tomarse con precaución, constituyen sin embargo una teoría interesante.

La forma del parque, el trazado de los senderos y los emplazamientos de los estanques permiten encontrar numerosos símbolos masónicos: el compás, el cincel, el mazo, el martillo, el nivel, la regla, la perpendicular y la llana (véanse los esquemas).

Este plano "secreto", según Saint-Hilaire, es visible en una de las esculturas del parque: a pocos metros de la base circular, en el cruce del segundo sendero transversal, se encuentran dos esculturas sobre pedestales esculpidas por Godecharle. A la derecha, uno de los dos niños que simbolizan las Artes tiene en una de sus manos un medallón donde está grabado este célebre plano del parque.

QUÉ VER EN LOS ALREDEDORES
La inscripción V.I.T.R.I.O.L.

En el muro de contención, una extraña inscripción en letras metálicas, L.O.I.R.T.I.V., es el reflejo de la inscripción que está más abajo a la derecha en la que se lee V.I.T.R.I.O.L. Estas letras son la abreviatura de *Visita Interiora Terræ Rectificando Invenies Occultum Lapidem*, que traducido literalmente significa "Visita el interior de la tierra; rectificando encontrarás la piedra oculta". Esta inscripción decora el "gabinete de reflexiones" por el que pasa el futuro iniciado masónico antes de ser llevado al interior del templo. Este lema debería pues de entenderse de esta manera: "Desciende a las profundidades de la tierra; destilando encontrarás la piedra de la obra". Estas letras metálicas fueron colocadas hace varios años por un artista, preocupado sin duda por reforzar el carácter masónico del parque, como se detalla en la página anterior.

EL BÚNKER DEL PARQUE
DE BRUSELAS

**Un búnker secreto a 12 metros bajo tierra
en el parque de Bruselas**

Se visita previa reserva ante el servicio municipal de alquiler del Ayuntamiento
de Bruselas: 02 279 40 45
Cómo llegar: Metro Parc

En pleno centro de Bruselas, bajo el parque de Bruselas, se oculta un búnker al que no se da mantenimiento alguno por llevar mucho tiempo en el olvido. Afuera, en los alrededores del edificio Vauxhall situado detrás del Teatro Real, varios elementos muestran la presencia de este lugar olvidado por todos: los conductos de ventilación, una chimenea y, en los sótanos del Parlamento, las puertas de acceso a los pasillos (tapiadas desde que se excavaron los túneles del metro y se destruyeron los pasillos).

Construido en el mayor de los secretos en 1938 a 12 metros bajo tierra, el búnker del parque de Bruselas, a diferencia de los grandes refugios destinados a la población durante la Segunda Guerra Mundial, estaba reservado únicamente a los miembros del Parlamento y del Gobierno. También servía como centro de coordinación de la defensa antiaérea en caso de bombardeo. Totalmente secreto, se accedía desde el parque de Bruselas por los sótanos del Cercle Gaulois o directamente por los sótanos del Parlamento a través de dos túneles, uno para la Cámara y otro para el Senado. En caso de ataque, la idea era poder enviar a las élites políticas al Congo desde este búnker de más de 700 m². Cada parlamentario tenía bajo la mesa de su escaño una máscara antigás que tenía que colocarse en caso de ataque antes de entrar en el pasillo para ponerse a salvo en el búnker. Cuenta la leyenda que habría también un tercer túnel que cruza el parque de Bruselas y que desemboca en el Palacio Real pero nunca se ha podido demostrar.

El 10 de mayo de 1939, cuando la guerra estalló, los parlamentarios no usaron ni el búnker ni las máscaras, prefirieron ir al hotel Métropole que estaba más iluminado y era más cómodo que un austero búnker. Tras la guerra, se reformó y se mejoró el búnker para que sirviera de refugio antiatómico desde donde se podían activar todas las sirenas del país en caso de ataque nuclear.

LA CONMEMORACIÓN DEL VÓMITO ㉒ DEL ZAR PEDRO EL GRANDE

Al sentarse en el borde de la fuente, ennobleció sus aguas con el vino de las libaciones...

Fosas del Parc Royal
Cómo llegar: Metro Parc

En el Parc Royal, frente al palacio, hay dos curiosas fosas de ocho metros de profundidad a ambos lados del camino principal. Tomen el camino de la izquierda, pero cuiden de su virtud y de su zurrón ya que suele ser un lugar de libertinaje, a pesar de la presencia de una escultura de María Magdalena penitente en una cueva de piedra.

Esta fosa, como su gemela, es un vestigio del antiguo parque que pertenecía al castillo de los duques de Borgoña. El castillo, cuyos restos son aún visibles en los sótanos de la Place Royale, fue destruido por un incendio en 1731. A finales del siglo XVIII, allanaron su antiguo parque, llamado Warande, para crear el actual Parc Royal y su homónimo barrio. Durante las obras de renovación no se taparon las dos fosas porque la magnitud de las obras era tal que disuadió a los concejales. En su lugar, las convirtieron en un jardín inglés.

En 1717 este lugar fue el escenario de un curioso espectáculo. El zar Pedro el Grande, de visita en la región, vomitó su almuerzo… Una estatua de bronce, regalo del príncipe Demidoff en 1856, recuerda este fantástico hecho, mientras que a unos metros de ahí, un pequeño estanque de piedra azul rodea el lugar del incidente y narra, en el reborde, la aventura en latín macarrónico: "… INSIDENS MARCINI HUIUS FONTIS AQUAM ILLIUS NOBILITAVIT LIBATO VINO …" a saber, "Al sentarse en el borde de la fuente, ennobleció sus aguas con el vino de las libaciones…".

PLACA CONMEMORATIVA DEL "FALSO" *LE SOIR*

Un evento histórico de carácter muy bruselense

Rue de Ruysbroeck 35
Cómo llegar: Tranvías 93 y 94, parada Petit Sablon

El número 35 de la Rue Ruysbroeck tiene una placa que recuerda un acontecimiento histórico muy de Bruselas: fue aquí mismo, en la antigua imprenta Wellens, donde, el 9 de noviembre de 1943, el Frente de Independencia, una organización de la resistencia belga, imprimió un falso número del periódico *Le Soir* que levantó los ánimos de todos los bruselenses durante la Segunda Guerra Mundial.

En aquella época *Le Soir* era un diario "ocupado" por los nazis quienes lo usaban como periódico de propaganda. Con una tirada de 300 000 ejemplares, publicaba los dibujos de Hergé, algo que se le reprochó después de la guerra.

No fue tarea fácil imprimir y distribuir un *Le Soir* "falso" en lugar de un *Le Soir* "volé" (*Le Soir* "robado", apodo con el que la Resistencia bautizó al periódico "ocupado"). Hubo que redactar e imprimir, bajo el máximo secretismo, un periódico idéntico en su forma pero no en su contenido y, llegada la tarde, distribuir los 50 000 ejemplares a los libreros (en la época *Le Soir* se vendía por la tarde).

Los cajistas del "auténtico" *Le Soir* se encargaron de maquetar el "falso" *Le Soir*. Este debía salir el 11 de noviembre. La fecha no fue elegida al azar: era para que el ocupante nazi recordase el armisticio de la Primera Guerra Mundial. No obstante, en el último momento, la fecha elegida tuvo que adelantarse dos días: un mensaje de Radio Londres pedía que no se comprase el periódico el 11 de noviembre como señal de protesta y el 10 de noviembre era miércoles, día en que *Le Soir* publicaba 4 páginas en vez de 2, lo que duplicaba la carga de trabajo.

Los autores del "falso" *Le Soir* usaron la red de *Le Soir* "robado" y sabotearon su distribución para que el "falso" *Le Soir* sustituyese al "auténtico" *Le Soir* sin que las librerías ni los compradores se diesen cuenta de inmediato. Esta burla al ocupante –de la que de hecho se hizo la película *Un soir de joie* (*Un "Soir" lleno de alegría*), bastante divertida pero sin gran éxito– fue, sin duda, muy mal acogida por los nazis. La Gestapo llevó a cabo una investigación y detuvo a varias personas. Algunas fueron encarceladas y otras enviadas a los campos de concentración para no regresar jamás. El museo de la Resistencia en Anderlecht tiene un ejemplar de este periódico en exposición.

LAS VISTAS PANORÁMICAS DESDE LA CAFETERÍA DE LA BIBLIOTECA REAL

Unas vistas únicas de la ciudad

5ª planta/Mont des Arts
Abierto de lunes a viernes de 9.00 h a 16.15 h, excepto festivos y la última semana de agosto
Cómo llegar: Metro Gare Centrale

La Biblioteca Real, centro del saber por excelencia, se alza austera sobre el Mont des Arts al que confiere un lado un poco tristón que recuerda a la arquitectura mussoliniana. En 1935, a petición de la reina Isabel y del rey Leopoldo III, el Gobierno belga decidió construir una nueva biblioteca en memoria del rey Alberto I. Se publicó un concurso, pero el estallido de la guerra lo paró todo. Aunque en 1954 se colocó la primera piedra, hubo que esperar quince años para inaugurar la Biblioteca Real. Muchos son los que pasan tiempo en ella buscando frenéticamente tesis u obras académicas, aunque son pocos los que admiran las increíbles vistas de Bruselas que se extienden ante el gran ventanal de la cafetería situada en la 5ª planta. La comida no es excelente, el café tampoco, pero las vistas panorámicas merecen la pena. No necesita la tarjeta de la biblioteca para subir; basta con tomar uno de los ascensores y bajarse en la 5ª planta. Visto el lugar, la discreción y el silencio son de rigor.

CALCOGRAFÍA DE BRUSELAS

Una formidable muestra de grabados
de los mejores artistas belgas

Place du Musée 1
Cómo llegar: Metro Gare-Centrale
Abierto de lunes a viernes de 9.00h a 12.45h y de 14.00h a 16.45h

La Calcografía de Bruselas es uno de los cuatro lugares del mundo, junto con los que existen en París, Madrid y Roma, dedicados a difundir y adquirir las planchas artísticas para la realización de grabados. Esta institución bruselense, creada en 1930 después de una exposición organizada por las otras tres calcografías en Bruselas, 1928, es realmente un sitio especial.

Hoy en día, la Calcografía pone los grabados a la venta a precios deliberadamente bajos con el fin de difundirlos lo más ampliamente entre el gran público. Y lo consiguen con éxito.

Inviertan un poco de tiempo y hojeen las numerosas carpetas con los ejemplos de grabados disponibles. Observando las obras de Teniers, Evenepoel y Rassenfosse, por no citar a otros, podrán hacerse una idea del formidable panorama artístico belga. Por una suma más que razonable, de 20 a 60 euros aproximadamente en función del tamaño, el artista o la firma, podrán llevarse a casa un grabado original de uno de los artistas que exponen su obra en el Museo de Bellas Artes, sólo a unos metros de la Calcografía.

Etimológicamente, la calcografía significa escritura (graphos) sobre cobre (chalco). Hoy en día se refiere más ampliamente a la impresión de estampas a partir de planchas grabadas, generalmente en cobre pero no únicamente. El término grabado se ha convertido en el término genérico para referirse a la impresión en papel a partir de una plancha. Esta última puede ser de piedra, y entonces hablaremos de litografía (lithos: piedra en griego), o en papel y hablaremos entonces de serigrafía. Pero ni la serigrafía ni la litografía están representadas aquí. La mayor parte de las planchas o placas que posee la Calcografía de Bruselas son de cobre o madera, una técnica más antigua que da un aspecto más difuso y menos preciso que el grabado. Para designar las diferentes técnicas que se usan para grabar la plancha de metal existen varios términos. Un aguafuerte, por ejemplo, es un grabado en el que los surcos no están hechos por la mano del artista sino por la acción química de un ácido.

La colección constaba en sus inicios de 2000 planchas grabadas, pero gracias a su política de adquisición hoy en día el número se eleva a 6000 piezas. Este número incluye algunas copias, gracias a la decisión que se tomó en 1980 de reproducir planchas originales especialmente delicadas (la más antigua data de 1488).

MARQUESINA REAL DEL PALACIO ㉖
DE BELLAS ARTES

Una marquesina sobre raíles para proteger
a la familia real del mal tiempo

Rue Ravenstein 23
Cómo llegar: Metro Gare Centrale

Muchos bruselenses conocen el Palacio de Bellas Artes de Bruselas, su arquitectura art decó (inauguración en 1928), su magnífica sala Henry Le Bœuf y su concurso internacional de música Reina Isabel de Bélgica que se celebra cada año. Pero muy pocos bruselenses saben que el arquitecto de este edificio, que no es otro que Victor Horta, quiso agradecer, de un modo muy particular, a la reina Isabel su apoyo incondicional en la construcción de este templo de la cultura bruselense.

En efecto, Victor Horta dotó el Palacio de Bellas Artes de una entrada real distinta a la entrada principal que está en la esquina del edificio, entre las calles Baron Horta y Ravenstein.

La entrada real está en el extremo derecho del edificio cuando uno lo mira de frente desde la Rue Ravenstein y está decorada con vidrieras de colores. Este acceso, reservado a los miembros de la familia real belga, permite entrar a un salón privado donde la realeza belga puede aguardar mientras espera a entrar en el palco real de la gran sala Henry Le Bœuf. Y con el fin de evitar cualquier contacto entre la familia real y el resto del público, el espacio que separa el salón real del palco real tiene incluso paneles articulados que permiten crear un pasillo privado, que permite a la familia real pasar.

Por si fuera poco, la puerta de entrada real que da a la Rue Ravenstein está dotada de una marquesina que, normalmente, está metida en la fachada del Palacio de Bellas Artes, pero que, las noches que acude un miembro de la familia real, se despliega sobre unos rieles con el fin de proteger a los monarcas belgas de las inclemencias del tiempo que podrían sorprenderles de camino entre el coche y el edificio. Esta marquesina articulada suele estar replegada, pero se ven bien tanto su estructura verde metida en la fachada como los rieles en la acera.

SALA DE ESPERA REAL
DE LA ESTACIÓN CENTRAL

*Para que la familia real pueda esperar el tren
en unas condiciones acorde a su rango*

Estación Central
Cómo llegar: Metro Gare Centrale
Visitas previa cita
Tel: 02 224 50 40

Si sale de la Galerie Ravenstein por la Rue Cantersteen y cruza el paso de peatones verá que no llega directamente a la entrada de la Estación Central sino a una puerta con una persiana metálica cerrada.

En lo alto de la puerta, rodeada de un precioso marco de mármol negro, un escudo de la monarquía belga y su lema "La unión hace la fuerza" recuerdan que dicha puerta fue la entrada de la sala de espera real de la Estación Central donde la familia real esperaba el tren en unas condiciones conformes a su rango. Aunque la familia real ya no usa esta sala, de vez en cuando la SNCB (Sociedad Nacional de los Ferrocarriles Belgas) celebra en ella reuniones de prestigio.

Los monarcas belgas podían llegar a pie a la Estación Central desde la Place Royale cruzando la Galerie Ravenstein.

Colmo de la ironía, en la inauguración de la Estación Central, el rey Balduino acudió en limusina a la sala de espera real y luego hizo un trayecto corto hasta la estación de Bruxelles-Midi, dotada también de una sala de espera real.

Tanto el interior de la sala como la escalera y el ascensor que conducen a ella son de una gran riqueza ornamental. Hay muchos dorados, paredes de mármol blanco, asientos de piel de los talleres Delvaux diseñados por Henry Vandevelde, baños con grifería dorada y un precioso reloj de pared (averiado). La sala de espera real se usó con frecuencia durante la Exposición Universal de 1958. La familia real belga recibió en ella a los reyes de Tailandia, al Negus de Etiopía y al sah de Persia, entre otras personalidades. Dentro de la estación, al pie de la gran escalera que lleva al Salón de los Pasos Perdidos, otra puerta con una persiana metálica cerrada, rodeada de un marco de mármol negro y rematada con el escudo de la monarquía, marca la otra entrada de la sala de espera real. Esta abre al público general en las Jornadas del Patrimonio o previa petición a la SNCB.

FRESCOS SUBTERRÁNEOS DE DELVAUX Y MAGRITTE

Los frescos olvidados de Magritte

Monte de las artes
Cómo llegar: Metro Gare Centrale

El sótano del Palacio de Congresos de Bruselas alberga dos frescos monumentales de los pintores Paul Delvaux y René Magritte, desconocidos también por los bruselenses.

Estos dos ilustres representantes del surrealismo belga pintaron estos frescos en 1959 y 1961 a petición del Ministerio de la Instrucción Pública. De hecho se cuenta que a Magritte le disgustó particularmente que le diesen un muro más pequeño y peor situado que a su colega Delvaux.

Magritte con Las barricadas misteriosas utilizó elementos que encontramos en muchas de sus obras: las hojas, los árboles, una amazona y el juego del claroscuro. Delvaux presenta en El paraíso terrestre personajes femeninos en un muro de más de 40 metros que evoca la Antigüedad. Las dos obras fueron restauradas durante la reforma integral del Palacio de Congresos en 2009.

CRISTALERA HERMÈS

Una cristalera de lujo para el arte contemporáneo

Boulevard de Waterloo 50
Cómo llegar: Metro Louise
Abierto de lunes a viernes de 10.00 a 18.00h y los sábados de 10.30h a 18.30h
Tel: 02 511 20 62

No hay ninguna señalización en el exterior, pero al fondo de la tienda Hermès en La Toison d'Or se encuentra una de las galerías de arte más punteras de Bruselas.

Entren a la tienda y diríjanse tranquilamente hasta el fondo saludando agradablemente a los vendedores que se acercarán a darles la bienvenida. Llegarán entonces a un bellísimo espacio coronado por una enorme cristalera y dedicado a exposiciones de arte contemporáneo. El lugar fue utilizado como parking hasta 1994, cuando, aprovechando las obras de remodelación que se hicieron en la tienda de Hermès, que lleva en el mismo edificio más de treinta años, se decidió unir esa parte al resto del edificio. A la cristalera no se le dio el uso actual hasta el 2000, cuando Daniel Buren, conocido por sus columnas del Palais-Royal de París, rompió el hielo e hizo la primera exposición de pintura. Le siguieron después las exposiciones de Eric Duyckaert, Marine Casimir, Roman Opalka, entre otros. Hoy en día la cristalera Hermès se ha consolidado dentro de la escena del arte contemporáneo en Bruselas, y acoge exposiciones de manera intermitente. Asegúrense de llamar antes de realizar una visita.

QUÉ VER EN LOS ALREDEDORES

Tienda Callens ㉚

Boulevard de Waterloo 1 - Tel: 02 513 12 40
Abierta todos los días, excepto los lunes, de 10.00h a 18.00h

Con una decoración chic y lujosa, el interés principal para los curiosos reside en la sala de exposiciones de la primera planta en la esquina del edificio, digna de un museo, con los techos pintados y un extraordinario mobiliario.

La casa del arquitecto Jean Baes ㉛

Rue Van-Moer 12

Construida en 1889 por el propio Jean Baes, esta bella casa está decorada con preciosos esgrafiados realizados por su hermano Henri Baes. Jean Baes es conocido principalmente por diseñar el Teatro flamenco, edificado en 1884.

Letrero de la rue des Six-Jeunes-Hommes ㉜

Rue des Six-Jeunes-Hommes, en la esquina con la Rue des Quatre-Fils-Aymon

Éste es el letrero de una antigua taberna de barrio, que mantiene vivo el recuerdo de seis jóvenes bromistas en busca de zwanzes (travesuras) en la época del temible duque de Alba. Algunas de sus bromas consistían en reemplazar el agua bendita de las iglesias por tinta o enganchar con alfileres a las señoras en la misa. Sus travesuras terminaron el día que le tiraron un bote lleno de hollín a Jean Vargas, un colaborador del duque. Los seis jóvenes fueron detenidos, condenados a muerte y colgados. Hoy en día la tradición continúa, pues si examinan el letrero con atención se darán cuenta de que en él sólo hay cuatro hombres, como si un bromista hubiese quitado dos para confundir a los historiadores. Quién sabe, quizá un día cambien el nombre de este letrero por el de los "quatre-fils-Aymon", a los que homenajea la calle de la esquina.

MUSEO ART)&(MARGES

En los límites del arte

Rue Haute 312-314
Tel.: 02 533 94 90
www.artetmarges.be
Abierto de miércoles a domingo de 11.00 h a 18.00 h
Cómo llegar: Metro Porte de Hal

Dedicado al arte marginal, este flamante museo reúne obras creadas por personas psicológicamente frágiles o con discapacidad mental o por artistas solitarios excluidos del mundo artístico. Aunque el museo, de dos plantas, es pequeño, las sensaciones que provoca son realmente abismales. Rozando los límites del arte, y por ende estableciendo sus propias condiciones y rechazando todo sistema establecido, cada obra posee su propio universo singular que suele estar representado casi compulsivamente. Aunque a primera vista no impresionan mucho por estar creadas con materiales ordinarios, las obras resultan conmovedoras para las personas observadoras, atrayendo al espectador a un mundo estético y emocional fuera de lo común.

Citemos, por ejemplo, a Juanma González, un zapatero de Boisfort que pinta paisajes tranquilos en las suelas nuevas que acaba de poner a los zapatos; a Georges Counasse, panadero que se inició siendo mayor en el maravilloso mundo de los carruseles y los puestos de feria en miniatura; o a Jacques Trovic, que crea increíbles bordados y patchworks con simples arpilleras. Con razón, el museo no cataloga a los artistas que representa y da poca información sobre ellos. Por el contrario, permite que las obras muestren a los visitantes de una forma plena e inmediata su perturbadora belleza.

QUÉ VER EN LOS ALREDEDORES

Placa conmemorativa del entierro simbólico de un constructor ㉞

Rue Montserrat, enfrente del número 15

En los años 1960, la ciudad de Bruselas aprobó un gigantesco proyecto de ampliación del Palacio de Justicia. Se diseñaron nuevos espacios para albergar las oficinas de administración de este enorme organismo en el barrio popular de la Marolle. Los residentes del barrio, avisados por correo de que iban a ser expropiados, se indignaron y organizaron una resistencia liderada por el abad Jacques Van Der Biest, ferviente defensor de los desfavorecidos. Esto marcó el inició de la batalla de Marolle. ¡Por primera vez en la historia, los habitantes ganaron! Tras echar al constructor, organizaron su entierro (simbólico). Como recuerdo de esta victoria, una placa anuncia orgullosa "Aquí yace el constructor y su fiel esposa, la burocracia (…). ¡Concesión a perpetuidad!".

Azulejos en la rue Haute 146 ㉟

Abierto de martes a sábado de 12.00 h a 14.30 h y de 18.30 h a 22.30 h.
Domingos de 12.00 h a 14.30 h - Tel. 02 513 54 40

Esta pizzería de moda merece un desvío para admirar sus dos magníficos murales de azulejos, obra de R. Inghelbrecht en 1918. Uno representa una preparación de pasteles y el otro, un mundano salón de té al aire libre de principios de siglo.

MAISON ANNA HEYLEN – HÔTEL FRISON

Una de las cosas menos conocidas de Victor Horta

Rue Lebeau 37
Tel.: 02 514 66 95
Abierto miércoles y jueves de 11.00 h a 18.00 h, viernes y sábados de 11.00 h a
18.30 h, domingos ocasionalmente a partir de las 13.00 h
Cómo llegar: Metro Gare Centrale

En 2001, Joris Visser, comerciante de arte neerlandés especializado en arte tribal, encontró uno de los primeros edificios art nouveau de Victor Horta en un estado deplorable. Le pidió opinión a Barbara van der Wee, una experta indiscutible de Horta, y ella le expresó sus dudas sobre el estado de la casa. Tenaz, Visser volvió a inspeccionar la casa antes de comprarla. Al rascar algunas paredes, descubrió atónito que los falsos techos y las distintas capas de pintura ocultaban la decoración original, que podría volver a sacar a la luz.

Construido en 1894 por el maestro arquitecto, el Hôtel Frison es probablemente una de las construcciones menos conocidas de Horta. Sin embargo, fue al ver esta casa cuando Charles Buls decidió encargar a Horta el estudio de un jardín de infancia en la rue Saint-Ghislain. Aunque el edificio ha sufrido cierto deterioro, en general la casa se ha conservado bien, paradójicamente en parte gracias a su antiguo propietario, que, al no darse cuenta de la joya que tenía entre sus manos, insistió en tapar la decoración original.

Los elementos de hierro forjado de la fachada y una parte de la vidriera han desaparecido, pero las magníficas barandillas de la escalera y los pomos de las puertas originales (incluido un ejemplar único de un pomo inclinado 30 grados para facilitar la apertura) siguen intactos. Desde 2011 la casa alberga las creaciones de la estilista Anna Heylen y se puede ver una parte del interior de la casa.

QUÉ VER EN LOS ALREDEDORES

La escalera de Liquidoma

Rue des Bogards 28-40
Abierto de lunes a sábado de 10.00 h a 18.30 h

Desde 1956, un ambiente norteamericano impregna esta esquina de la Rue des Bogards. Especializada al principio en la venta de excedentes del ejército norteamericano, en el marco del plan Marshall, Liquidoma ofrece hoy todos los productos necesarios para los aventureros (material de acampada, de trekking y militar). En este espacio un poco cowboy y realmente simpático, se ha conservado milagrosamente una magnífica escalera de roble de estilo rococó del siglo XVIII. Está iluminada por una vidriera que representa una escena de caza.

LA ANTIGUA ROTONDA DEL APARCAMIENTO PANORAMA

Un vestigio fantástico de un antiguo "panorama" del siglo XIX

Boulevard Maurice Lemonnier 10
Abierto las 24 horas
Cómo llegar: Metro Lemonnier

Hasta aparcar el coche puede volverse una aventura… El aparcamiento Panorama se ubica curiosamente detrás de una entrada para vehículos de una imponente fachada ecléctica. Nada más entrar, desde la planta baja, las vigas metálicas remachadas, algunas arqueadas, ya dan una pista: este no es un aparcamiento como los demás, sino la antigua rotonda de un panorama.

De hecho, desde su construcción en 1879 sobre los planos del arquitecto Henri Rieck, el edificio sirvió de vitrina a una enorme pintura circular que, al igual que la que está hoy en el León de Waterloo, representaba la batalla de Waterloo. La pintura que estuvo aquí era de Charles Castellani. En 1920 –debido a la victoria de la Primera Guerra Mundial– otra pintura, que describía la batalla de Yser, sustituyó a la original. Sin embargo, a partir de 1924 estos grandes panoramas dejaron de estar de moda. El edificio se transformó en un aparcamiento de espacios divididos según la nueva utilidad.

Es sin embargo un vestigio fascinante. Mientras suben en coche para aparcarlo en la tercera planta, una amplia sala con 16 paneles y de 120 m de circunferencia se abre ante ustedes. Está cubierta por una cúpula de hierro, recubierta a su vez de tablas de madera. Aquí se montaba el espectáculo pictórico que destacaba gracias a unas luces tamizadas y que el espectador podía contemplar desde el centro del edificio diseñado como un mirador.

¿Qué es un panorama?

El entusiasmo por los "panoramas" nació a finales del siglo XVIII y decayó en el primer cuarto del siglo XX. Pictórico y arquitectónico a la vez, este tipo de escenografía buscaba recrear la realidad jugando con las percepciones del espectador. Se componía de una amplia tela cilíndrica, desplegada sobre 360° y sujeta a los muros de un edificio circular que el público contemplaba desde una plataforma central.

Los temas representados con más frecuencia eran los paisajes, naturales o urbanos, pero también las escenas de batallas (con una predilección por las guerras napoleónicas) o las escenas bíblicas. Bruselas tenía un segundo panorama, de 1897, que estaba en la actual gran mezquita en el Parc du Cinquantenaire y que mostraba una vista del Cairo.

LA PASIONARIA

¡Exprésense!

Allée Rosa Luxemburg (en medio del Boulevard de Stalingrad)
Cómo llegar: Metro Gare du Midi

Ubicada en la nueva Allée Rosa Luxemburg, la instalación del escultor Emilio López Menchero, nieto de republicanos españoles, está dedicada a otra militante comunista, Dolores Ibarruri, apropiadamente conocida como "La Pasionaria". El enorme altavoz que se inauguró el 7 de julio de 2006, el mismo día que la avenida, y que requirió una profunda investigación en ingeniería acústica, se alza en pleno centro de un barrio donde resuenan las miles de voces de la inmigración. La escultura evoca las universalmente famosas palabras de aquella que le da su nombre: ¡No pasarán! o Prefiero morir de pie que vivir de rodillas, a veces atribuidas accidentalmente al Che.

Emilio López Menchero, nacido en 1960, vive y trabaja en Bruselas. Escultor iconoclasta y antiguo arquitecto, el artista juega con los códigos de buena conducta que dicta el pensamiento modernista y, cual Tarzan suelto en la ciudad, combate el autoritarismo y la dictadura inherentes a las ciudades contemporáneas. Claustrofobia, alienación y autismo son los temas centrales del trabajo de este artista que, para combatirlos, desafía los estándares de la arquitectura y del urbanismo modernistas, usando la distracción y jugando con la proporción.

Apropiándose de algunos iconos de nuestra sociedad, Emilio López Menchero expone atomiums en Venecia o patatas fritas enormes en Noruega. Aquí, en el centro de un nudo atado alrededor de un tráfico de coches agobiante y vías de tren, a dos pasos de la Gare du Midi, que se dice ser ¡la "Puerta de Europa"!, el altavoz gigante pretende darle voz al individuo en medio del caos urbano. Así que no duden en subir los pocos peldaños de la curiosa escalera que parece estar suspendida en el aire y ¡exprésense!

QUÉ VER EN LOS ALREDEDORES
El ecumenismo de la Avenue de Stalingrad
Iglesia ortodoxa del arzobispado de Bélgica
Avenue de Stalingrad 34

En pleno barrio musulmán, resulta bastante sorprendente encontrar una sinagoga (Avenue de Stalingrad 40, visita previa reserva), una catedral ortodoxa (Avenue de Stalingrad 34) y una antigua iglesia católica que celebra misas tradicionales en latín (Avenue de Stalingrad 58).

MONUMENTO DE SMET DE NAEYER ㊶

*El único barco militar de toda la historia belga
que se haya hundido fue un buque escuela que
naufragó durante una tormenta...*

*Place Jean Jacobs
Cómo llegar: Metro Louise*

Una sorprendente estatua, situada al borde de una autopista urbana, recuerda una catástrofe totalmente olvidada aunque especialmente trágica. El monumento rinde homenaje a los 33 miembros de la tripulación que se ahogaron en 1906 cuando el buque escuela *Comte de Smet de Naeyer* se hundió. El detalle especialmente cómico es que se trata del único barco militar en toda la historia naval militar belga que se haya hundido. El barco no sufrió daños en ningún enfrentamiento bélico sino que se hundió a causa de una violenta tormenta frente a las costas españolas.

Tras naufragar, un barco francés rescató a 26 miembros de la tripulación que contaron cómo el comandante Fourcault y su equipo lo intentaron todo para salvar la fragata y a toda la tripulación: el agua entraba en el barco sin que la tripulación, formada esencialmente por jóvenes marinos en formación, lograse encontrar la parte dañada del barco. Todos los hombres a bordo se agotaron accionando las bombas de mano al no poder reparar la brecha, imposible de encontrar.

En última instancia, el comandante Fourcault dio la orden de abandonar el barco en los botes salvavidas, pero varios de ellos volcaron por la prisa con la que los miembros de la tripulación quisieron abandonar el barco. Los 26 marinos que se salvaron se habían subido al único bote que no volcó.

Los supervivientes contaron también una anécdota bastante insólita: las últimas palabras del comandante Fourcault, que se quedó el último a bordo, mientras fumaba, fueron: "Un cigarrillo más antes de morir". La estatua representa a un adolescente emocionado por la llamada del mar a quien su madre, preocupada, intenta detener.

A los pies de la estatua se pueden ver una ola y los restos del barco.

LOS BAÑOS DE BRUSELAS

Una piscina panorámica

Rue du Chevreuil 28
Cómo llegar: Tranvías números 23, 52, 55 y 56, parada Lemonnier
Tel: 02 511 24 68
Abierto lunes, miércoles y viernes de 8.00h a 17.00h, sábados de 8.00h a 12.00h
y martes y jueves de 7.30h a 17.00h
Baños y duchas de martes a sábados de 9.00h a 15.00h

El discreto edificio de los Baños de Bruselas está muy cerca de la Place du Jeu de Balle y da pocas indicaciones de lo que tiene dentro. La piscina cubierta del barrio de Marolles se construyó gracias a la voluntad municipal, que decidió en 1953 levantar estas instalaciones deportivas y sanitarias. El suelo pantanoso de Bruselas no ayudó a los constructores, que tuvieron que drenar 350 millones de litros de agua durante un año para poder comenzar la construcción, transformando un verdadero lago subterráneo en una piscina suspendida. La estrechez del terreno forzó a los arquitectos a encontrar soluciones originales: las piscinas (hay dos) están en la primera y en la tercera planta. La de la primera planta está reservada para grupos escolares; así los nadadores de la piscina principal (en la tercera planta) pueden disfrutar del ejercicio y de cierta sensación de estar levitando, pues la sala termina en un gigantesco ventanal con vistas a la Rue des Capucins, a las torres de la iglesia de La Chapelle y a los tejados del barrio. Por un laberinto de escaleras y pasillos se llega a las 182 austeras cabinas para cambiarse la ropa de la tercera y cuarta planta, así como al bar de la quinta planta, de nuevo con una impresionante vista a la piscina principal, a sus gradas… ¡y a los nadadores!

Tras la construcción de la piscina, los antiguos baños de la Rue des Tanneurs, anticuados y un tanto destartalados después de 56 años en funcionamiento, fueron reemplazados por duchas y bañeras en su nueva ubicación de la Rue du Chevreuil. Hace cien años, la mayor parte de las viviendas carecían de sanitarios y los baños públicos eran, por tanto, algo indispensable, en especial en barrios populares como éste de Les Marolles. Hoy en día, los baños y duchas son usados por personas con pocos recursos, pues a pesar de encontrarse cerca del barrio Sablon, Les Marolles continúa siendo un barrio popular.

QUÉ VER EN LOS ALREDEDORES

Institut Diderot ㊸

Rue des Capucins 58

Injustamente desconocido, el Institut Diderot es un precioso colegio construido en 1908 por Henri Jacobs. Toquen el timbre de la puerta principal y díganles que desean ver la arquitectura. Oculto tras una sobria fachada, el patio es una preciosa obra art nouveau. Fíjense sobre todo en el espléndido esgrafiado de Privat Livemont en el patio. Realizado en 1910, representa a san Miguel derrotando al dragón.

Casa Cortvriendt ㊹

Rue de Nancy 6-8

Construida en 1900 por Léon Sneyers, alumno de Hankar, la casa Cortvriendt, con su balaustrada de hierro forjado y un precioso esgrafiado, es una sorpresa agradable en esta parte un tanto anodina del barrio de las Marolles.

CHALÉ NORUEGO

Un chalé de madera en el centro del barrio real

Rue de Brederole 10
Cómo llegar: Metro Trône

Justo detrás del Palacio Real, en pleno corazón del barrio real, se alza un sorprendente chalé de madera. Diseñado en 1906 por el arquitecto noruego Knudsen (lo que le valió el apodo de chalé "vikingo" a petición expresa de Leopoldo II que se enamoró de una construcción del mismo estilo y del mismo arquitecto en la Exposición Universal de París de 1889), este edificio sirvió de centro de prensa del rey para su actividad colonial. Aquí recibía a periodistas e inversores para tratar asuntos del Congo belga, como lo recuerda la estrella congoleña que se ve en la fachada.

Hoy el edificio pertenece a la Donación Real y, tras servir como museo de la Dinastía durante un tiempo, hasta que las colecciones pasaron al cercano museo Bellevue, hoy acoge las oficinas de la fundación Rey Balduino.

La construcción de este chalé en el barrio real no fue casualidad. En este barrio, y especialmente en las calles de Namur, Thérésienne, Petits Carmes, la Pépinière, Brederode y Place Royale había muchos edificios vinculados a la actividad colonial belga: ministerios, administraciones, bancos, asociaciones, etc. También había muchas empresas en activo en el Congo para extraer allí materias primas: carbón, caucho, cacao, azúcar, cemento.

QUÉ VER EN LOS ALREDEDORES
Restos de la primera muralla (46)

A la derecha del chalé se aprecia un vestigio bastante discreto de la primera muralla que rodeaba el palacio de los Habsburgo. Construida en el siglo XIII, la primera muralla de Bruselas medía 4 km de largo y tenía 7 puertas que daban acceso a las distintas calzadas que unían Bruselas con otras ciudades. En el siglo XIV, destruyeron la primera muralla para construir una segunda más grande y más sólida. Hoy todavía quedan muchos vestigios de la primera muralla (a diferencia de la segunda que fue destruida por completo, salvo la puerta de Hal) porque no fue desmantelada sistemáticamente sino que fueron destruyendo las partes que obstruían el paso.

LOS SECRETOS
DEL PARC D'EGMONT

Peter Pan, entre un depósito de agua y un nevero

Entrada por Boulevard de Waterloo número 31 (es la entrada menos usada)
Cómo llegar: Metro Porte de Namur

A dos pasos del bullicio urbano y de los túneles de la pequeña carretera de circunvalación, el Parc d'Egmont ofrece al agotado transeúnte la tranquilidad de un jardín inglés que perpetúa la memoria de una vasta propiedad nobiliaria. En medio de este pequeño parque secreto, y sorprendente por sí solo, se ocultan varios tesoros como por ejemplo una estatua del travieso Peter Pan.

Sir Georges Frampton esculpió esta obra a petición del autor escocés J. M. Barrie, creador del personaje en 1902. Inspirándose en ilustraciones originales de Arthur Rackham, el escultor puso al "niño que no quería crecer" rodeado de la sensata Wendy y de la pícara Campanilla. Alrededor, hay caracoles, ardillas y conejos, con cara de traviesos, surgiendo del bronce. La ligera figura de Peter Pan, encaramada en lo alto de la escultura, parece estar a punto de saltar.

El artista, afectado por los sufrimientos infligidos a Bélgica en la Primera Guerra Mundial, decidió regalar esta obra a la ciudad de Bruselas, como testimonio del "lazo de amistad entre los niños de Gran Bretaña y los de Bélgica"…

En los confines del parque, cerca de la Rue Grand Cerf, el Grote Pollepel se oculta tras la vegetación. En el siglo XV, este gran depósito de agua abasteció todas las fuentes de la Grand Place. En 1955, cuando construyeron la rotonda de la Galerie Ravenstein, desenterraron este vestigio medieval y lo volvieron a construir piedra a piedra en el Parc d'Egmont.

Otro vestigio sorprendente es el antiguo nevero que está detrás del naranjal. Con forma de pequeña colina, el nevero tiene una entrada, del lado del Hilton, de ladrillos y piedras blancas.

En este antepasado del congelador se almacenaban en invierno los bloques de hielo que mantenían frescos en verano los alimentos más delicados.

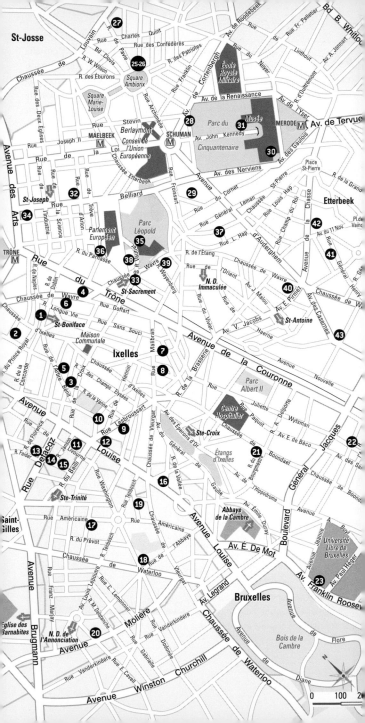

FACHADAS *ART NOUVEAU* DEL BARRIO SAINT-BONIFACE

Un festival Art nouveau

Rue Solvay y Rue Saint-Boniface
Cómo llegar: Metro Porte-de-Namur

De forma inesperada, el barrio Saint-Boniface nos ofrece una excepcional muestra de fachadas Art nouveau.

El 15 de julio de 1898, la municipalidad de Ixelles convocó un concurso de fachadas con un premio de 15.000 francos belgas, con la intención de controlar la calidad de las construcciones en un barrio que comenzaba a emerger. En este marco se realizaron múltiples construcciones Art nouveau bajo la dirección de Ernest Blérot y de otros colegas suyos en la Rue Saint-Boniface y en la Rue Solvay.

Observen que Blérot construyó estas casas en el 1900, el mismo año en el que se construyó el magnífico conjunto de la Rue Vanderscrik en Saint-Gilles. El arquitecto se las arregló para construir, en un periodo de tiempo bastante corto, los dos conjuntos que suman un total de 28 edificios, gracias a la estandarización de sus métodos: los planos interiores eran siempre los mismos y se asociaban a cinco tipos de fachadas, aunque su apariencia varía gracias a la diversidad de los esgrafiados.

En este barrio podemos visitar once construcciones de Blérot: el número 12 de la Rue Solvay, donde se encuentra una casa que perteneció al mismo Blérot y que hoy en día es propiedad de uno de sus descendientes; y los números 14, 16, 18, 20, 22 y 19, cuyo esgrafiado ha sufrido una lamentable restauración con pinturas demasiado brillantes, probablemente en acrílico. El número 17 de la Rue Saint-Boniface tiene unos bellos balcones y dos esgrafiados algo velados con pintura blanca que representan a Romeo y Julieta con trajes del medioevo. Los números 19, 20 y 22 también poseen unos preciosos esgrafiados, aunque los del número 20 están bastante deteriorados. Observen también los bonitos balcones del número 22.

Entre las otras creaciones Art nouveau del barrio, destacan las de los números 33, 35 y 37 de la Rue Solvay, en la esquina con la Rue Longue-Vie. Realizados por Antoine Dujardin en 1900, están decorados con trece esgrafiados atribuidos a Géo Ponchon. Situados en la primera planta, los esgrafiados están un tanto escondidos tras una pintura gris oscura.

Citemos finalmente la casa del arquitecto Victor Taelemans en el número 32 de la Rue Solvay. Construida en 1904, fue la quinta y última casa del arquitecto y se diferencia del resto de edificaciones Art nouveau del barrio por su tendencia geométrica, más cercana a las creaciones de Hankar o de otros maestros de la Secesión vienesa.

MUSÉE CAMILLE LEMONNIER

*Como Ernest Hemingway, Víctor Hugo
o Erasmo, Lemonnier escribía de pie*

*Chaussée du Wavre 150
Cómo llegar: Metro Porte-de-Namur
Abierto los lunes de 10.00h a 12.00h y de 14.00h a 16.00h y los miércoles y
jueves de 14.00h a 16.00h
Tel: 02 512 29 68*

La visita a este museo dedicado a la figura de Camille Lemonnier (1844-1913) es muy placentera, sobre todo gracias a la amabilidad de su conservador, Émile Kesteman, que insiste en guiar personalmente todas las visitas probablemente porque sabe que no es fácil visitar un museo de un escritor sin la compañía de un buen guía. Su pasión y entusiasmo promueven el interés del visitante sobre los pequeños detalles de la vida de Camille Lemonnier y de su entorno.

Situado en la primera planta de la Maison des Écrivains Belges (Casa de los Escritores Belgas), el museo fue inaugurado en 1946 gracias a la colección legada por Marie Lemonnier, la hija mayor del maestro. El lugar conserva aún hoy en día un lado intimista extremadamente agradable. De una cultura enciclopédica, Monsieur Kesteman conduce

a los visitantes a través de las tres salas de este museo repleto de recuerdos ligados al escritor: pinturas de amigos y conocidos (Constantin Meunier, Van Rysselberghe...) así como algunos lienzos pintados por el escritor. También podrán visitar una reconstrucción de su despacho de trabajo; una biblioteca con 53 magníficos volúmenes ilustrados por varios artistas belgas como Claus, Ensor, Knopf...; una estatua de Rodin, así como un retrato de Lemonnier, donde se refleja su costumbre de escribir de pie, como también lo hacían Hemingway, Víctor Hugo o Erasmo.

ÉTABLISSEMENTS DEMEULDRE

Uno de los más bellos escaparates de Bruselas

Chaussée du Wavre 141-143
Tel: 02 511 51 44
Abierto de martes a sábado de 9.30h a 18.30h

Los Établissements Demeuldre (Almacenes Demeuldre) poseen uno de los más bellos escaparates de toda la región bruselense. La vitrina, que fue realizada en 1904 por el arquitecto Maurice Bisschops, pupilo de Horta, atrae la vista del paseante y le incita a entrar en la tienda. Dentro encontrarán un maravilloso mostrador de madera y sobre todo, en la escalera, unos bellos paneles de azulejos realizados en 1842 por Isidore de Rudder, con alegorías que representan la música, el color y la arquitectura. Fundados en 1830 por el fabricante de porcelanas de Lorraine Charles-Christophe Windisch, Établissements Demeuldre fue el más importante fabricante de azulejos y cerámicas durante más de un siglo. Dirigida por M.A. Caillet desde 1842 y cedida en 1852 a los esposos Vermeren-Coché, la fábrica finalmente fue adquirida por la familia Demeuldre-Coché en 1900. Ampliada en multitud de ocasiones, desde finales del XIX el local se dedica a la venta al por menor. La producción cesó en 1953 y el taller de fabricación de cerámicas fue destruido en 1960. La firma es responsable de las cerámicas y azulejos de las decoraciones exteriores de la antigua tienda Old England en Le Mont des Arts y de la Maison du Peuple de Victor Horta, destruida en los años 60. Tras el cese de la producción, los locales de la Rue de Wavre se limitan a la venta de porcelanas, cristales, orfebrería y vajillas. Observen que la directora actual, Françoise Demeuldre-Coché es una descendiente del fundador.

QUÉ VER EN LOS ALREDEDORES

Taller de Géo Ponchon ④

Rue de la Croix 25

Antiguo edificio neoclásico con tres paneles de bellos esgrafiados pero en un estado un tanto deteriorado. Ponchón, autor de los mismos, concibió un sistema para evitar la degradación de los esgrafiados por la acción del paso del tiempo y de su exposición a la intemperie. El artista propuso a sus clientes, que muchas veces rehusaban poner esgrafiados por el elevado coste que suponía su restauración, efectuar una revisión y restauración regular, mediante una suscripción anual a este servicio.

Rue Souveraine 52 ⑤

En el número 52 de la Rue Souveraine encontrarán un bello inmueble Art nouveau construido por Gustave Strauven en 1902. Se trata de una de las escasas construcciones del arquitecto fuera de Schaerbeek y de las plazas del barrio de L'Europe. Observarán que hay una planta añadida al edificio original. Los admiradores de Strauven deben visitar también la célebre casa Saint-Cyr en la plaza Ambiorix, así como al número 85 del Boulevard Clovis.

Obreros en face de construcción de una casa

Rue Malibran 47

Construida en 1900 por el arquitecto Édouard Pelseneer, la casa del número 47 de la Rue Malibran posee unos valiosos esgrafiados diseñados por Paul Cauchie. Sin embargo, han sido restaurados de una forma un tanto lamentable y han perdido sus colores originales y parte de su encanto.

El gran ventanal pintado en amarillo que reemplaza al mirador original tampoco ha sido una elección muy acertada. Se conserva, no obstante, un dibujo original de Cauchie. Todos los esgrafiados que decoran el edificio representan a obreros en fase de construcción de una casa.

QUÉ VER EN LOS ALREDEDORES

Petite Rue Malibran (La pequeña Rue Malibran)

La Petite Rue Malibran, además de tener un nombre delicioso, es una pintoresca y rústica alternativa a la Rue Dillens, de la que es paralela.

Placa del nº71 de la Rue du Viaduc ⑧

Rue du Viaduc 71
Cómo llegar: Autobús núm. 71, parada Fernand Cocq

En el número 71 de la Rue du Viaduc, una placa nos recuerda con humor un acontecimiento importante: "Aquí el 17 de abril de 1891 no pasó absolutamente nada". La placa, colocada ahí mismo por el dueño de la casa que colecciona placas de todo tipo, se fabricó en serie y se colocó en otras fachadas en varias ciudades de Francia.

RESTAURANTE INDOCHINE

Un refugio frente al mundo moderno

Rue Lesbroussart 58
Cómo llegar: Tranvías números 81 y 82, parada Dautzenberg
Tel: 02 649 96 15
Abierto todos los días, excepto los domingos, de 12.00h a 15.00h y de 19.00h a 23.30h

Mirando a través de su cristalera, uno se da cuenta qu[e] restaurante es diferente a otros. Algunas de las frases que ado[n]el local delatan su peculiar encanto: "Es mejor el sonido de las botas q[ue] el silencio de las zapatillas de andar por casa" o "En la dictadura se deb[e] cerrar la boca, mientras que en la democracia se debe hablar por los codos, sin embargo en el Indochina preferimos decir: buen provecho". Al entrar se pasa bajo un cartel en alemán que dice "No salga antes de que el tren haya parado". El tren, precisamente, es un motivo que se repite en la decoración de este local, y es también un símbolo del viaje hacia el pasado asiático del propietario vietnamita de este curioso restaurante.

Una señal de tráfico en la que se lee "Attention au train" nos da la bienvenida en la primera parte de la sala e incita a los clientes a sentarse al fondo, cerca de la caja registradora con forma de taquilla que el dueño ha hecho fabricar. Allí se podrán sentar en auténticos bancos para viajeros, bajo el portaequipajes y frente a las inevitables fotografías de paisajes que el paso del tiempo ha amarilleado.

Más allá de la decoración, el restaurante pretende ser un refugio frente a la modernidad, contra el materialismo reinante y a favor de valores alternativos. El "lanzador de tartas" nacional es un habitual del lugar, e incluso aquí fue rodada una película en su honor.

En resumen, éste es un sitio divertido en el que recalar cuando paseen por Ixelles. Aunque no deben esperar nada especial en su carta, no olviden que, como dice otro cartel, "la ternera se vende a peso, el trabajador se vende al mes".

Los precios son bastante razonables, y se puede comer por 7,9 €. Perfecto para los desempleados, o como les llama el dueño amablemente, "los trabajadores que han dejado de hacer daño".

QUÉ VER EN LOS ALREDEDORES
Musée d'Architecture ⑩

Rue de l'Ermitage
Tel: 02 649 86 65
Abierto de martes a domingo de 12.00h a 18.00h (21.00h los miércoles)
Entrada: 2-4 €

Situado en una antigua logia masónica construida por Fernand Bodson, el Museo de Arquitectura acoge exposiciones concebidas a partir de colecciones de archivos dedicados a la arquitectura moderna. Aunque el espacio en sí mismo está bellamente restaurado, las exhibiciones que presenta son también muy interesantes, sobre todo para especialistas y apasionados de la arquitectura. En el número 80 de la Rue de l'Ermitage y unos preciosos esgrafiados, lamentablemente en mal estado.

or Horta (Gand, 1861 – Bruselas, 1947)

Encumbrado hoy en día como una referencia indiscutible de rango internacional, Victor Horta es el gran maestro belga del Art nouveau. Su arquitectura se caracteriza principalmente por el uso revolucionario que en la época hizo del espacio, la luz y la ventilación. Su noción de espacio incluía las escaleras, cuyo diseño perfeccionó para que dejaran de ser, como hasta entonces habían sido, "jaulas" encajonadas. En sus construcciones, la luz inunda el espacio horizontal y verticalmente a través de ventanas y claraboyas. También mejoró la calidad del aire con sus particulares y novedosas aportaciones en torno a la ventilación. Aun así, Horta fue más conocido por sus formas novedosas, sus curvas, sus decoraciones y su famoso estilo coup de fouet (predominio de la curva frente a la recta). Horta fue el primer arquitecto que osó usar el acero de manera masiva para las fachadas de las viviendas particulares. La delgadez de las columnas metálicas, que ocupaban poco espacio, favorecía la entrada de luz. Asimismo, el uso del acero para las vigas también liberaba el espacio interior. Ésta fue, sin duda, una elección innovadora y arriesgada, en un momento en que el uso del acero estaba restringido para construcciones industriales o comerciales. Su colaboración con el maestro A. Balat en la edificación de los invernaderos reales de Laeken, le había familiarizado con este material. En su preocupación constante por la iluminación, Horta también hizo uso del cristal, especialmente de los vidrios coloreados. Siendo su clientela la alta burguesía ilustrada, dispuso de los medios necesarios para usar materiales de gran calidad, como mármoles y bronces. Se encargó, además, del diseño de modelos originales de bisagras, pomos de puertas, llaves y de las contraventanas de cada una de sus casas.

Todas sus creaciones son verdaderas obras de arte integrales e innovadoras, tanto en la fachada como en el interior. Fueron muy copiadas, pero sus imitadores nunca llegaron a igualarle (aunque imitasen bien sus fachadas, nunca llegaban a igualar la perfección de sus interiores).

En este libro se citan las siguientes creaciones de Horta: Rue Paul-Émile Janson 6; Avenue Louise 224 y 346 (Ixelles); Rue Lebeau 37 (Centro); Avenue Palmerston 2, 3 y 4 (Quartier de l'Europe); Rue de l'Hôtel-des-Monnaies 66 (Saint-Gilles); Chaussée de Haecht 266 (Schaerbeek), y Avenue Brugmann 80 (Forest).

HOTEL TASSEL

La primera creación Art nouveau

Rue Paul-Émile Janson
Cómo llegar: Tranvías números 92 y 93

Construida por Victor Horta entre 1893-1894 para el ingeniero Tassel, el hotel Tassel provocó una pequeña revolución en el mundo de la arquitectura cuando fue edificado. Con una concepción totalmente innovadora para la época, es considerada como la primera verdadera construcción de estilo Art nouveau. Convertida en el "manifiesto" de este estilo arquitectónico, la casa fue innovadora por el uso de hierro en su fachada, por la curvatura de sus líneas, especialmente en el mirador central, por el importante rol que jugaba un material como el cristal y por la posición central de su puerta de entrada. Tradicionalmente, las casas burguesas tenían la puerta de entrada situada o bien a la derecha o bien a la izquierda. La

puerta daba paso a un pasillo largo por donde se accedía a dos o tres habitaciones. Sólo la habitación más próxima a la fachada recibía luz directamente. Dando prioridad absoluta a la luminosidad, Horta rompió con estas costumbres y transformó el espacio interior para lograr conseguir que la luz directa llegara al mayor número de habitaciones posible. La posición central de la puerta de entrada delata la aplicación de estos nuevos principios de construcción establecidos por Horta. Restaurado entre 1982 y 1985, el hotel Tassel es una propiedad particular y, excepto en casos excepcionales, está cerrado al público.

QUÉ VER EN LOS ALREDEDORES
Hotel Solvay ⑫

Avenue Louise 224
Para visitas en grupo se necesita reserva: 02 640 56 45

Construido entre 1894 y 1898 y declarado edificio histórico en 1977, el hotel Solvay es otra de las creaciones de Horta. Encargado por Armand Solvay, hijo del industrial Ernest Solvay, fundador de la empresa química del mismo nombre, fue habitada por su familia durante más de cincuenta años antes de que se lograra librarla de la demolición. Su fachada se caracteriza por sus dos miradores laterales, pero sobre todo por la baja altura del balcón central que permitía a los habitantes estar muy cerca de la calle, en una época en la que la Avenue Louise era todavía un paseo muy chic y a la moda. El interior, en el más puro estilo Horta, es lo más interesante.

Paul Hankar (1859-1901)

Influenciado por su padre, un tallista de piedra, el arquitecto Art nouveau Paul Hankar logró ser reconocido principalmente por el aspecto decorativo de su trabajo, y no tanto por reinventar la arquitectura interior tradicional. Más centradas en las fachadas, las creaciones de Hankar gozaron de mucho éxito entre el gran público, que adoraba sus esgrafiados y las esculturas realizadas por sus colaboradores favoritos: Alphonse Crespin y Alfred Crick.

A diferencia de Horta y de sus líneas orgánicas, Paul Hankar fue el gran representante de un Art nouveau geométrico mucho antes de que el arquitecto escocés Mackintosh se diera a conocer en Europa. Finalmente, Hankar fue uno de los arquitectos que introdujeron en sus construcciones lo que se conoce como "japonismo". El término hace referencia al uso de formas y representaciones artísticas utilizadas en Japón, que se difundió con la apertura de este país al mundo occidental a partir de 1860. El japonismo, con su tratamiento estilizado de las representaciones de árboles, plantas y flores, y con su forma de reducir la figura humana a un motivo decorativo, encajaba perfectamente con el espíritu Art nouveau que comenzaba a desarrollarse.

A pesar de su prematura muerte a la edad de 42 años, Paul Hankar fue uno de los mejores arquitectos del Art nouveau.

Entre las creaciones de Hankar citadas en este libro están: Rue Defacqz 48, 50 y 71, y la fachada del número 13 de la Rue Royale.

TRES CASAS DE PAUL HANKAR
RUE DEFACQZ

Tres importantes edificios de uno de los grandes arquitectos del Art nouveau

Rue Defacqz 48, 50 y 71
Cómo llegar: Tranvías números 92 y 93

La Rue Defacqz, muy cerca de la Avenue Louise, ofrece a los visitantes tres creaciones Art nouveau del arquitecto Paul Hankar (1859-1901). La más interesante es la casa Ciamberlani en el número 48. Construida en 1897 y declarada edificio histórico en 1983, fue encargada por el pintor Albert Ciamberlani (1894-1956), descendiente de una familia noble de Bolonia (Italia). El pintor colaboró con la decoración del Palacio de Justicia de Bruselas y realizó algunos mosaicos en Les Arcades du Cinquantenaire (el Arco del Cincuentenario). Seis de sus lienzos se conservan en el Museo de Bellas Artes de Bruselas.

Con una longitud poco habitual de apenas 12 metros, Hankar realizó aquí el edificio con más éxito de su carrera. A pesar de su relativa austeridad, la fachada triunfa por su originalidad y sus esgrafiados. Observen con atención los dos amplios ventanales en forma de herradura, muy innovadores para la época. Concebidos por Ciamberlani, los esgrafiados fueron ejecutados por Adolphe Crespin, el colaborador habitual de Hankar. Los que están en la parte más alta de la fachada, algo deteriorados debido a su posición bajo la cornisa, representan los trabajos de Hércules en siete medallones. Los medallones sobresalen sobre un fondo decorativo de girasoles que emergen de seis jarrones. Los esgrafiados de la primera planta están en peor estado y por tanto se ven peor. Representan una escena paradisíaca en la que los cuerpos desnudos se confunden con la naturaleza: los árboles, el follaje y los estilizados frutos. Los pavos reales, símbolo del *Art nouveau*, están encaramados en un árbol. Justo al lado, en el número 50, hay también un edificio construido por Hankar. La casa del pintor Réné Janssens (1870-1836), cuya obra se expone en el Museo de Bellas Artes, es visiblemente menos rica que su vecina.

Un poco más lejos, en el número 70, se encuentra la casa del mismo Paul Hankar. Construida en 1893 y declarado edificio histórico en 1975, es la primera construcción de importancia de Hankar, con la que rompe con la arquitectura clásica. Su originalidad, especialmente por el uso de hierro en la fachada, mereció una visita de Hector Guimard, quien luego se convertiría en la referencia francesa del Art nouveau. Observen los esgrafiados en color, que representan los diferentes momentos de la jornada: el alba (el gallo), el día (la paloma), el crepúsculo (la golondrina) y la noche (el murciélago con un cielo estrellado al fondo).
El interior de estas tres casas tiene menos interés.

DOS BELLAS CASAS EN LA RUE FAIDER

Los esgrafiados que enmarcan las ventanas de las habitaciones son una alegoría del sueño

Rue Faider 10 y 83
Cómo llegar: Tranvías números 92 y 93

En el número 83 de la Rue Faider se encuentra una maravillosa casa particular construida en 1900 por el arquitecto Albert Roosenboom (1871-1941). Delineante del taller de Victor Horta en 1896, Roosenboom se inspira en su maestro para la construcción de esta vivienda Art nouveau, designada edificio histórico en 1981. Presten atención al original mirador del primer piso y a los bellos esgrafiados en lo alto de la casa, atribuidos a Privat-Livemont. Estos esgrafiados, que enmarcan las ventanas de las habitaciones, representan probablemente una alegoría del sueño. En el centro de la composición hay una mujer con un dedo sobre sus labios que parece pedir silencio, mientras que las estrellas simbolizan la noche y, a lo largo de todo el esgrafiado, las flores adormideras, con sus soporíficas propiedades, dan vida a las plantas que se enredan en el cabello de la mujer. Un poco más allá, en el número 10, se encuentra una preciosa casa de estilo neoclásico construida por Octave van Rysselberghe, el arquitecto del Observatorio Real de Uccle. Construida en 1882-1883 para el conde Goblet d'Alviella, la casa fue finalmente la vivienda del propio arquitecto hasta 1888. Observen, entre la impresionante ornamentación grecorromana, un bello medallón que representa a la diosa Minerva, obra de Julien Dillens. Bajo el medallón, un friso esgrafiado representa a Neptuno dominando un mar agitado. Según dibujos del mismo artista, el esgrafiado fue realizado por Jean Baes, con un cromatismo en blanco y negro muy sobrio, siguiendo el gusto del Renacimiento italiano. Por último, en el segundo piso, en el medio de la columnata, un segundo esgrafiado representa a una mujer joven con una plomada, símbolo de la rectitud de la arquitectura.

QUÉ VER EN LOS ALREDEDORES

Jardín Faider ⑮

Rue Faider 86. Abierto de 9.00h a 20.00h del 1 de abril al 30 de agosto; de 9.00h a 18.00h del 1 de septiembre al 31 de octubre, y de 9.00h a 17.00h del 1 de noviembre al 31 de marzo

A dos pasos de la agitada Avenue Louise, el parque Faider es un oasis de paz que se agradece en este barrio comercial. La entrada es tan poco visible que ni siquiera los vecinos del barrio conocen el parque. Un lugar ideal para jugar con los niños o para comer un sándwich en un banco.

Una fachada que se traslada ⑯

Aunque la iglesia de la Sainte-Trinité, Place de la Trinité, se erigió aquí a finales del siglo XIX cuando urbanizaban el barrio, su fachada barroca es del siglo XVII. De hecho, fue desmontada piedra a piedra en su ubicación original (Place de Brouckère) cuando construyeron los bulevares del centro. El "trasplante" nunca ha funcionado del todo bien porque la iglesia tiene desde entonces tales problemas de estabilidad, que han tenido que colocar tirantes y vigas metálicas para evitar accidentes.

PASEO ART NOUVEAU ALREDEDOR ⑰
DE LOS ESTANQUES DE IXELLES

Algunas joyas

Avenue Louise 346. Rue de Belle-Vue 30, 32, 42, 44, 46
Avenue du Général de Gaulle 38, 39. Rue Vilain XIIII 9 y 11
Rue du Lac 6
Cómo llegar: Tranvías números 92 y 93

El barrio de los estanques de Ixelles posee algunos inmuebles Art nouveau de desigual interés para los profanos.Les proponemos aquí un paseo escogido alrededor de las construcciones más interesantes.

En el número 346 de la Avenue Louise se encuentra la casa Max Hallet, construida por Horta en 1903. Probablemente no es el edificio más espectacular de este maestro del Art nouveau, pero todavía resulta admirable la calidad de la construcción y de los materiales utilizados. Vayan también a echar un vistazo por detrás, dentro del patio del restaurante Rick's en el número 344. Es muy original la rotonda en forma de triple bulbo.

Siguiendo por la avenida Louise hacia el bosque de la Cambre, hay que girar a la derecha y coger la calle la Rue de Belle-Vue. Los números 42, 44 y 46 son tres realizaciones del arquitecto Blérot de 1899, notables sobre todo por sus voladizos poco habituales, por los arcos rebajados de encima de las puertas y las ventanas y por la originalidad de sus puertas con rejas de hierro forjado. El número 42 ha conservado hermosos esgrafiados. A algunos metros llaman la atención otros dos edificios de Blérot, los números 30 y 32, especialmente por sus esgrafiados.

Si seguimos hasta el final de la avenida, hay que tomar a la derecha la Avenue du Général de Gaulle. El número 38-39 es otro inmueble de Blérot (1904), pero en un estilo diferente. Estas dos casas gemelas, más sobrias, sobresalen por las líneas de sus balcones en hierro forjado y por los mosaicos del pavimento de la entrada. Den media vuelta y giren a la derecha en la Rue Vilain-XIIII. En los números 9 y 11 se encuentran otros dos edificios de Blérot de 1902, que merecen una mención por sus esgrafiados, sus vidrieras y el artístico uso del hierro forjado.

Seguidamente, tomen a la derecha la Rue du Lac para llegar al número 6. Esta casa, construida en 1904 por Léon Delune, sorprende por la original geometría de su fachada. Noten también el juego con el apellido del arquitecto: la mayoría de las fases lunares, luna llena, cuarto creciente y cuarto decreciente, pueden verse en la fachada. La vidriera fue realizada por Raphaël Evaldre.

Vilain XIIII (14)

La avenue Vilain-XIIII debe su extraña ortografía (XIIII y no XIV) al vizconde Charles Hippolyte Vilain XIIII, antiguo ministro de asuntos exteriores.

Uno de sus antepasados, Jean-Philippe de Vilain, durante el asedio de Namur (1692-1695) recibió la autorización de Luis XIV para añadir el catorce a su nombre, con expresa mención de escribirlo "XIIII".

ESTATUA DE JEAN DE SELYS LONGCHAMPS

Un bruselense olvidado que bombardeó la sede de la Gestapo sobrevolando la Avenue Louise

Avenue Louise 453
Cómo llegar: Tranvías núm. 93 y 94, parada Legrand

En medio del tránsito de la Avenue Louise, un busto dorado que descansa sobre una base de piedra azul no parece interesarle a nadie. Sin embargo, este busto recuerda la hazaña heroica de un piloto belga durante la Segunda Guerra Mundial.

Jean de Selys Longchamps era un piloto del ejército belga que, tras la capitulación de Bélgica, logró llegar a Londres y unirse a la Royal Air Force. Durante sus misiones solía volar por encima de Bélgica y, en 1943, decidió, sin la autorización de su comandante, cambiar de rumbo para sobrevolar a muy baja altura la Avenue Louise que conocía bien por haber vivido en Bruselas. El piloto no eligió ese destino por casualidad. Iba a bombardear la sede bruselense de la Gestapo que ocupaba el edificio situado en el 453 de la susodicha avenida. Este acto de valentía le valió ser degradado por insubordinación y a su vez, colmo de la ironía, ser condecorado con la Cruz de Vuelo Distinguido de la Royal Air Force. Murió meses más tarde en una misión en la que su avión fue alcanzado por el fuego antiaéreo.

Si desea saber más sobre este acto de valentía, puede leer el cómic El botones de verde caqui. Una aventura de Spirou. Los autores de este cómic, Yann y Olivier Schwartz, tuvieron la brillante idea de incluir esta historia desconocida por los bruselenses, a menos que sean personas ya mayores, en una aventura de Spirou y Fantasio que se desarrolla durante la ocupación nazi.

Además del busto de Selyx, una placa colocada en el edificio del 453 de la Avenue Louise recuerda discretamente que la Gestapo ocupó este edificio.

También había, en los sótanos del edificio, calabozos en los que muchos miembros de la Resistencia fueron encarcelados.

Estos grabaron mensajes en las paredes de sus celdas. Esas inscripciones, no protegidas, siguen existiendo aunque no son accesibles al público.

MUSEO PRIVADO DE LA FAMILIA D'IETEREN

La historia del automóvil ilustrada por el irresistible ascenso de una familia

D'Ieteren Gallery - Rue du Mail 50
Tel.: 02 536 56 80
Visita de grupos gratuita previa reserva, mínimo 15 personas. La visita dura una hora y cuarto aproximadamente. Se ofrece una copa al final de la visita
Cómo llegar: Autobús núm. 60, parada Washington, o tranvía núm. 94, parada Bailli

Bien conocido por los amantes de los coches, el logo de la empresa D'Ieteren luce con orgullo un carruaje con la fecha 1805 estampada en él. El propio logo evoca la increíble aventura industrial y comercial en el mundo del automóvil que comenzó a principios del siglo XIX con la fabricación de ruedas y de vehículos tirados por caballos, gestionada por la misma familia desde hace seis generaciones. Dentro de la sorprendente y siempre tan moderna sede situada en la esquina de la Rue du Mail y de la Rue Américaine (el edificio, diseñado por el arquitecto René Stappels en 1962, sigue inmune al paso del tiempo), un fabuloso museo privado, que se visita previa reserva, muestra el ascenso poco común de esta familia y la diversificación de sus actividades en el transcurso de los años, con sus altos –tomando las decisiones correctas en los momentos cruciales– y sus bajos –decisiones insensatas, ideas buenas que resultaron no serlo tanto, y todo ello ilustrado por una fantástica colección de automóviles antiguos y de documentos iconográficos insólitos–.

Efectivamente, D'Ieteren resume por si sola la evolución de la industria del transporte. Con el tiempo, lo que empezó como una pequeña empresa de artesanos se convirtió en una empresa industrial y comercial. A principios del siglo XX, la empresa, proveedor oficial de la familia real, se lanzó en la construcción de carrocerías de las que exportaban una buena parte. Empezó entonces a dedicarse a la importación y al ensamblaje de coches y camiones. Tras las Segunda Guerra Mundial, obtuvo la importación en exclusiva de las marcas Studebaker (1945), Volkswagen (1948) y Porsche (1950).

En 1956, se lanzó en un nuevo sector ofreciendo los Escarabajos en alquiler en el mercado belga. Posteriormente, D'Ieteren inició la importación y distribución en Bélgica de otras marcas del grupo Volkswagen: Audi (1974), Seat (1984), Skoda (1992), Bentley (2000) y Lamborghini (2001), así como las motos Yamaha (1975), sin dejar de expandir sus actividades de alquiler de coches.

MUSÉE CONSTANTIN MEUNIER

*Más de 150 pinturas y esculturas en un entorno
íntimo y agradable*

Rue de l'Abbaye 59
Tel: 02 648 44 49
Abierto de martes a viernes de 10.00h a 12.00h y de 13.00h a 17.00h, y un
domingo de cada dos
Cómo llegar: Tranvías números 92 y 93
Entrada gratuita

El Museo Constantin Meunier es un pequeño y encantador museo dedicado, como su nombre indica, a las obras del pintor y escultor Constantin Meunier (1831-1905). El artista, que consiguió el reconocimiento internacional en sus últimos años, hizo construir aquí su casa-taller donde pasó los últimos cinco años de su vida.

Adquirida por el Estado en 1936, la residencia se abrió al público en 1939 y fue restaurada en 1986. El museo acoge más de 150 pinturas y esculturas en un espacio íntimo y agradable. La casa se dispone en torno a un pequeño jardín y tiene la particularidad de poseer dos talleres o estudios, uno de una dimensión bastante modesta orientado hacia el Sur, y otro más grande para las esculturas monumentales orientado hacia el Norte. Dedicado a la representación de la vida industrial, especialmente de la siderurgia de la Bélgica del final del siglo XIX, Constantin Meunier es reconocido hoy en día como uno de los más grandes escultores belgas de esta época.

Este especial museo es gratuito. Los responsables de los Museos Reales de Bellas Artes de Bélgica han considerado que el tamaño del museo y la afluencia de visitas no justificaban ponerle un precio a las entradas.

QUÉ VER EN LOS ALREDEDORES

Parque Buchholtz ㉑

Existen tres accesos: entre los números 1 y 15 de la Rue Buchholtz; entre los números 22 y 24 de la Rue Forestière, y entre los números 186 y 188 de la Rue Américaine
Abierto de 9.00h a 20.00h, del 1 de abril al 31 de agosto; de 9.00h a 18.00h del 1 de septiembre al 31 de octubre, y de 9.00h a 16.00h del 1 de noviembre al 31 de marzo

Muy cerca del parque Tenbosch, el parque Buchholtz es un poco más pequeño pero también mucho menos conocido que su vecino. Los accesos de entrada son casi invisibles para el paseante. Aunque rodeado de edificios sin mucho interés, el parque es muy agradable. Es un buen sitio para descansar y mecerse con el canto de los pájaros.

Vidriera Art Déco ㉒

Avenue Molière 256
Una bella vidriera Art déco de Armand Paulis decora un edificio construido por el arquitecto F. Petit en 1927. Es posible visitar la vidriera desde el interior, pues la casa alberga hoy en día una empresa internacional cuyo director se muestra encantado de compartir la belleza del lugar donde trabaja.

MUSÉE DES ENFANTS

Veo y olvido, oigo y me acuerdo, hago y comprendo

Rue du Bourgmestre 15 - Tel: 02 640 01 07 - www.museedesenfants.be
e-mail: childrenmusseum.brussels@skynet.be
Entrada: 6,85 €. Para las escuelas: 6 € por niño por toda la jornada.
Cómo llegar: Tranvías número 90, parada Chaussée de Boondael y número 80,
parada Flagey
Abierto al público miércoles, sábados y domingos, y días de fiesta escolar de
14.30h a 17.00h. Para colegios durante la semana, concertar cita.

El Museo de los Niños es un pequeño paraíso para los más pequeños. Más que un museo es sobre todo un sitio vivo, y verdaderamente interactivo. El museo, primero de los de su clase en Europa, se abrió hace 25 años por iniciativa de Cathy Van der Straeten y Kathleen Lippens, que habían descubierto el concepto en Boston (Estados Unidos).

El museo funciona con exposiciones temporales, bastante largas, que siempre abordan el tema del conocimiento de uno mismo a través del intercambio y la comunicación entre los niños y los animadores.

Dichos intercambios se realizan en los talleres, cinco o seis, durante los cuales se insiste en que los chicos participen, tal como lo recomienda el proverbio chino: "Veo y olvido, oigo y me acuerdo, hago y comprendo". Los talleres, cada uno dirigido por un animador, son muy variados y permiten a los niños desempeñar distintos papeles, como conducir un tranvía o llevar una balsa, actuar en el escenario de un teatro, amasar, realizar un reportaje de televisión, etc. En resumen, aprender divirtiéndose.

El museo se encuentra en una hermosa casona construida en 1901 para el sombrerero Edmond Canonne en un estilo neo-Luis XV. En 1923,

la propiedad pasó a manos de Lambert Jadot, hermano del Jean Jadot, que fue uno de los pioneros de la construcción de ferrocarriles en China, Egipto y el Congo belga. El ayuntamiento la adquirió en 1967. Alberga el museo desde 1986. Cuando hace buen día, es posible tomarse algo o comer un gofre en la terraza. El jardín que rodea la casa, llamado parque Jadot, está abierto al público todos los días del año y, evidentemente, tiene muchos juegos para niños.

QUÉ VER EN LOS ALREDEDORES

Los vestigios del parque de la Couronne

Avenue de la Couronne - Avenue Auguste-Rodin 8 - Rue Adolphe-Mathieu 1
Cómo llegar: Autobús núm. 95, parada Rodin

Con una superficie de 6 hectáreas, el parque de la Couronne ocupa el espacio del antiguo hospital militar de Ixelles. Del prestigioso edificio que se extiende sobre 244 metros en la Avenue de la Couronne solo quedan los pabellones de esquina que antaño alojaban al jefe médico y a su equipo. Las demás edificaciones de este importante complejo de edificios fueron destruidas tras permanecer abandonadas durante más de veinte años. Hoy, en su lugar, hay unas oficinas que dan a la Avenue de la Couronne; detrás de la avenida, hay un importante complejo de viviendas. Paseando por el agradable parque público construido en el centro del islote, uno descubre unos vestigios que parecen proceder directamente de la Antigüedad: el hospital, al haber sido construido en un estilo neoclásico típico de la segunda mitad del siglo XIX, tenía muchos elementos antiguos (columnas, pórticos, frontones, rejas, etc.). Dando la vuelta al parque se descubren, al azar, en un arbusto o en alguna esquina, uno de esos vestigios arqueológicos. La pieza maestra de este pequeño museo al aire libre es un imponente frontón de piedra azul que reza la inscripción latina "Domus mea domus orationis" que se traduce como "mi casa es una casa de oración". Proviene de la antigua capilla del hospital militar.

Restaurant les Foudres

Rue Eugène-Cattoir 14 - Tel: 02 647 36 36 - www.lesfoudres.be
Abierto todos los días, excepto sábados al mediodía y domingos
Aparcamiento propio.

Este restaurante, abierto desde 1982 en las antiguas bodegas de la mansión Mouchart, es particular porque guarda una decena de foudres,

grandes barricas de madera con una capacidad de unos ¡22.000 litros! Como afirma divertido el camarero, esto que significa que "si bebieran una botella al día desde el día en que nacieron, necesitarían 81 años para vaciar un foudre" …

Cocina regional bien hecha, servicio amable y eficaz. Un precioso jardín donde se exponen antiguas máquinas de embotellar y se alza un soberbio cerezo japonés.

MUSÉE DE ZOOLOGIE DE LA (ULB) ㉖

*En coche desde Amberes a Bruselas con un león
como pasajero*

Campus du Solbosch, Avenue Franklin-Roosevelt 50
Edificio U, puerta B (entrada Square Servais), nivel 1 (sótano), local UAL-319
Cómo llegar: Autobús núm. 71 o tranvías números 93 y 94
Abierto de lunes a viernes de 13.00h a 17.00h. Cerrado en julio
*Visita individual gratuita. Visita guiada (una hora y media): 2,5 € por persona
(mínimo 10 personas) - Tel: 02 650 36 78 - www.ulb.ac.be/musees*

Aunque no es fácil de encontrar dentro del campus, el Museo de Zoología de la Universidad Libre de Bruselas merece una visita por su colección de más de 3.000 piezas. Aconsejamos la visita guiada porque tiene muchas anécdotas curiosas.

El guía desarrollará especialmente el problema de la clasificación de las especies que evolucionan a través del tiempo y de los nuevos descubrimientos científicos. Las piezas aparecen expuestas en orden creciente de complejidad. Madame Desmet, la conservadora, desconfía del antropocentrismo e insiste: "El hombre forma parte del sistema más complejo, pero ¡no por eso es el más evolucionado o el que tiene más cualidades!"

El cuestionamiento de todo lo que nos parece evidente marca la pauta de la exposición. Así, aprenderemos que después de un análisis de ADN, una especie de musaraña gorda resulta ser un pariente próximo del elefante, y que los cocodrilos se clasifican con los pájaros en el grupo de los arqueosaurios.

Sin embargo, algunos animales no pueden clasificarse rigurosamente, debido a su complejidad y a su extraña biología: por ejemplo, el ornitorrinco y el equidna se sitúan entre los mamíferos, pero ponen huevos como los reptiles...

El sistema dental es también fuente de muchas enseñanzas: los conejos no pueden dejar de roer porque entonces sus dientes se alargarían y se enrollarían sobre sí mismos hasta el infinito... con lo que estos mamíferos, que tienen dos pares de incisivos superiores, serían incapaces de alimentarse. Los dientes del elefante también crecen continuamente, pero durante unos 65 años. Por encima de esta edad, el elefante desdentado se ve condenado a morir de hambre.

Sin embargo, la pieza más importante de la colección es el celacanto, un pez que ya existía hace 350 millones de años y que se creía extinguido. Sin embargo, en los años ochenta se pescó un ejemplar y se conserva aquí, metido en alcohol. El celacanto tiene branquias y pulmones, sus aletas son vertebradas como nuestros miembros, y su manera de nadar se parece a nuestra forma de andar...

Muchos de los animales presentes aquí fueron comprados al zoo de Amberes. El anterior conservador guarda un recuerdo épico de su regreso de Bruselas con un león en el sitio del pasajero: ¡no le cabía en el maletero del coche...!

LA TUMBA DEL GENERAL BOULANGER

"Ha muerto como ha vivido, como un subteniente"

Cementerio de Ixelles - Chaussée de Boondael 478, avenue 3
Abierto todos los días, de 9.00 h a 16.30 h
Cómo llegar: Autobús núms. 71, 72 y 95, parada Cimetière d'Ixelles

Los cementerios, auténticas ciudades miniatura, tienen su parcela de extraordinariedad y de pequeños y grandes hombres. El cementerio de Ixelles es un ejemplo fascinante. Cuando entren pídanle al guarda el pequeño folleto donde se informa de las celebridades que están enterradas aquí: Antoine Wiertz, Ernest Solvay, Victor Horta, Camille Lemonnier, Charles De Coster, Marcel Broothaers y Paul Nougé, entre otros. De entre todos ellos, si hay uno con un destino increíble y una muerte sorprendente, sin duda se trata del general Boulanger. Este oficial y político francés, nacido en 1837 en Rennes, es conocido por haber hecho temblar la Tercera República con el impulso del movimiento "boulangista", extraña síntesis de socialismo naciente y de nacionalismo vengativo hacia Alemania. Como coronel de Infantería, se hizo popular gracias a sus numerosas reformas, triviales, pero que complacieron a los soldados de infantería, como por ejemplo añadir bacalao a las raciones de combate o autorizar que los suboficiales llevasen barba. Luego como ministro de la Guerra en 1886, siguió en la misma línea, en particular sustituyendo los platos de campaña por platos comunes, los jergones por somieres, autorizando el uso a los oficiales de sus propios tenedores o eliminando la dispensa del servicio militar para los curas. En 1889, renunció a dar un golpe de Estado pero el Gobierno le acusó de complot contra la seguridad del Estado. No tuvo otra opción que refugiarse en Bruselas con su amante, Marguerite

de Bonnemains. El 15 de julio de 1891, ella murió de tuberculosis. Georges Boulanger se suicidó dos meses y medio después, pegándose un tiro sobre la tumba de Marguerite en el cementerio de Ixelles.

La columna rota, símbolo de la muerte prematura de Marguerite, señala la ubicación de la tumba. La placa, que indica la identidad completa de los difuntos, fue robada por lo que lo único que queda es el siguiente diálogo de los muertos grabado en la piedra: "Marguerite, hasta pronto / Georges, cómo he podido vivir dos meses y medio sin ti". Se entiende por qué a los surrealistas bruselenses les encantaba este lugar y organizaban ceremonias en memoria del general enfermo de amor. Georges Clémenceau, sin embargo, se mostró menos entusiasta con la romántica muerte de su antiguo compañero de colegio. Cuando supo que se había suicidado, contestó, lacónico: "Ha muerto como ha vivido, como un subteniente".

QUÉ VER EN LOS ALREDEDORES
El primer árbol catalogado en Bruselas, en 1936

Cuenta la leyenda que antes de participar en las cacerías nocturnas en el bosque de Soignes, Carlos V se detenía delante de un tilo situado detrás de la capilla de Boondael. Este antiguo tilo, probablemente plantado a principios del siglo XVII, tiene "solo" 400 años. Por su avanzada edad y al ser su base completamente hueca, el árbol ha tenido que ser reforzado con flejes y cemento. Fue el primer árbol en ser catalogado en Bruselas, en 1936.

MAISON SAINT-CYR

Una casa extravagante

Square Ambiorix 11
Propiedad privada. No se visita
Cómo llegar: Tranvías números 54 y 63, parada Ambiorix

La casa Saint-Cyr es uno de los ejemplos de fachada Art nouveau más hermosos de Bruselas. Construida en 1903 por Gustave Strauven para el pintor Georges Saint-Cyr, destaca por la exhuberancia y el brillo de su decoración, y aún más por lo estrecha que es: 3,55 metros de anchura por 19,50 metros de altura.

Obligado por estas limitaciones, Strauven diseñó una escalera en el centro con iluminación natural a través de tragaluces y vidrieras. La escalera conduce a distintas piezas que tienen la particularidad de estar cada una decorada con un estilo diferente. Así, se pasa de una entrada Art nouveau a un salón chino y de ahí se sube una escalera estilo Imperio para acceder a un comedor renacentista.

Los apasionados deben saber que la casa Sint-Cyr está en venta, junto con parte de su mobiliario, desde diciembre de 2001. Su propietaria actual, la bailarina Chamine Lee, ha decidido desprenderse de la casa porque es demasiado grande para ella. La compró en 1954 a su anterior propietario, quien a su vez la había adquirido al propio Georges Saint-Cyr en 1920.

Veamos una descripción: "En la planta baja: un taller, una cocina-comedor y dos bodegas, un pequeño jardín de 20 m2 en la parte de atrás. En la planta noble: un salón, un comedor. En el primer piso, un salón chino, un cuarto de baño, un retrete. En el tercer piso: una habitación con gabinete, una habitación grande. En el cuarto piso: un desván. Tejado plano (aislado y renovado recientemente) encima de la parte delantera del inmueble".

Gustave Strauven

Strauven, nacido en 1878, fue alumno de Victor Horta entre 1896 y 1898. Trabajó con él especialmente en los planos de la Maison du Peuple (hoy destruida) y del hotel Van Eetvelde, a unas decenas de metros, en la avenida Palmerston. En 1898 marchó a Suiza, donde trabajó en los despachos de Chiodra y Tshudy en Zürich. Murió en 1919, a la edad de 40 años. Entre 1899 y 1914, diseñó una treintena de edificios, situados principalmente entre el Ayuntamiento de Bruselas (square Ambiorix), Saint-Josse y Schaerbeek.

El Art Nouveau

Bruselas, capital mundial de la arquitectura *Art nouveau*, alberga la primera construcción en ese estilo, la casa Tassel, construida por Victor Horta en 1893. También en Bruselas puede admirarse la última realización de importancia del *Art nouveau*, el célebre palacio Stoclet, levantado entre 1905 y 1911 por Joseph Hoffmann (no aparece en esta guía), que anuncia ya el *Art déco*.

A través de estos símbolos, en Bruselas se reúnen las dos grandes tendencias del *Art nouveau* que se desarrollaron en Europa a principios del siglo XX: la línea orgánica o asimétrica, cuyo principal exponente en Bélgica fue Victor Horta, y la línea geométrica del Jugendstil germánico, representada por Joseph Hoffmann y los Wiener Werkstätte, Paul Hankar y Paul Cauchie.

El término *Art nouveau* se debe a Samuel Bing (1838-1905), nacido en Hamburgo, quien en 1895 abrió en París una galería de arte a la que llamó "*Art nouveau*". Allí empezaron a exponer la mayoría de los futuros grandes representantes de esta nueva forma de arte. El término Jugendstil, que hoy se emplea para designar sobre todo a la corriente geométrica, era la denominación inicial del *Art nouveau* en Alemania y en Austria. Debe su origen a un editor alemán, George Hirth, que en 1896 lanzó en Munich la revista satírica Jugend. Su estilo provocador y su original tipografía se asociaron enseguida a las numerosas novedades artísticas de la época: había nacido el Jugendstil. Hay más palabras que evocan el *Art nouveau* en Europa. Sezessionstil, en Austria, que se refiere al movimiento de la Secesión vienesa fundado por Gustav Klimt en 1897. El Liberty Style en Inglaterra, que debe su nombre a la tienda Liberty & Co, en la época especializada en tejidos modernos. Modern Style, que engloba a las dos grandes tendencias europeas. Otros términos más populares como el de estilo "tallarín" o "spaghetti" se han utilizado para definir el mismo concepto. Más que una simple corriente artística, el *Art nouveau* quería ser una nueva manera de pensar y de vivir, una ruptura con un modelo de sociedad que rechazaba. Tenía como objetivo la liberación del modelo de explotación del mundo obrero, del papel de la Iglesia y de la mujer, a través del descubrimiento de un erotismo y una sensualidad prohibidos hasta ese momento. De ahí las numerosas representaciones estilizadas de cabezas de mujer sobre las fachadas de los edificios.

El *Art nouveau* tuvo su edad de oro en Bruselas entre 1892 y 1914. Desapareció súbitamente con la Primera Guerra Mundial. El estilo, que no podía construir a gran escala con pocos gastos, no pudo responder a las necesidades de las masivas reconstrucciones de la posguerra.

ART NOUVEAU ALREDEDOR DE LA SQUARE AMBIORIX

Algunas visitas para hacer en las Jornadas del Patrimonio

Casa Delhaye: Avenue Palmerston 2
Casa Deprez-Van de Velde: Avenue Palmerston 3
Casa Van Eetvelde-Casa de Gas Natural: Avenue Palmerston 4
Boulevard Clovis 85
Cómo llegar: Tranvías números 54 y 63, parada Ambiorix

El barrio del Square Ambiorix es uno de los barrios de Bruselas donde pueden encontrarse numerosas realizaciones Art nouveau. Aparte de la casa Saint-Cyr, en la Avenue Palmerston tenemos tres hermosas construcciones del maestro Victor Horta (1861-1947). Se visitan excepcionalmente durante las Jornadas del Patrimonio, en septiembre, o en los tours organizados por asociaciones como Arau o Arkadia.

La más famosa es la casa Van Eetvelde, realizada por Horta entre 1895 y 1897 para Edmond Van Eetvelde, el antiguo ministro de las Colonias. Hoy está ocupado por los despachos de la Federación de los proveedores de gas natural de Bélgica, de ahí su nombre de Casa del Gas Natural. La casa es única, por el uso del hierro y por el refinamiento de su decoración en el interior. Si tienen la suerte de entrar, fíjense en el lujo de los materiales y en la cúpula que cubre el hueco de la escalera.

En el número 2 de la avenida se encuentra la casa Delhaye, que se construyó entre 1899 y 1900 como extensión de la casa Van Eetvelde. Si tienen la posibilidad de entrar, admiren la maravilla del salón de reuniones y el hornillo de gas que se encuentra en medio de la sala.

La casa Deprez-Van de Velde, enfrente de la casa Van Eetvelde, fue construida entre 1895 y 1897. Menos conseguida que sus vecinas, y reformada varias veces, presenta menos interés para quien no es arquitecto.

Justo al lado, en el número 85 del Boulevard Clovis (ver fotografía), se encuentra un inmueble construido en 1901 por G. Strauven y reformado en 1989. Fíjense en la posición oblicua de la fachada a partir del primer piso. ¿Querría Strauven ofrecer una mejor vista sobre la animación de la Chaussée de Louvain? Admiren también los soberbios balcones de hierro forjado.

EL PABELLÓN DE LAS PASIONES HUMANAS

El altorrelieve, que representa una maraña de cuerpos desnudos, fue ocultado porque ofendía a las buenas costumbres

Rotonda Schumann, al lado de la mezquita
Cómo llegar: Metro Schumann
Abierto de martes a viernes de 14.30h a 15.30h; a 16.30h desde marzo hasta septiembre (ambos inclusive)
Entrada: 2,5 €. Las entradas se compran en la ventanilla del Museo del Cincuentenario

Este relieve del escultor Jef Lambeaux (1882-1908), encargado por el Estado belga en 1890, es una de las obras más desconocidas de Bruselas. Y por una razón: inaugurado en 1898, de inmediato desató un escándalo. El montón de cuerpos desnudos fue juzgado como una inmoralidad y un ultraje a las buenas costumbres. Tres días más tarde, cerró sus puertas el sitio donde se albergaba, el Pabellón de las pasiones humanas. Nunca volvió a abrirse de forma definitiva. La situación ha cambiado un poco desde 2004: para que nos abran el pabellón hay que presentar una petición explícita a los Museos Reales de Arte y de Historia. El famoso altorrelieve permanece al abrigo en el templete construido por Victor Horta. Esta construcción neoclásica era entonces el primer edificio público realizado por el joven arquitecto, y no se compara con las obras maestras Art nouveau de su período de madurez. Pero no importa, el edificio encierra la obra de Jef Lambeaux, canto a la vida y a la alegría que desprende una fuerza y un poder poco habituales. Según los cálculos de Lambeaux, la obra alcanza su máxima expresión cuando la luz del mediodía pasa a través del lucernario diseñado por Horta e ilumina el relieve de los personajes, reflejando al mismo tiempo el color del mármol rosa de los muros.

QUÉ VER EN LOS ALREDEDORES

Impasse du pré

Al lado del número 31 de la Avenue de Mot

Callejón de aspecto rural que forma un recodo a la derecha. Está bordeado de pequeñas casas de dos pisos construidas hacia 1850 para obreros y recientemente restauradas.

TALLERES DE MODELADO

Para los que siempre han soñado con tener en su salón la Venus de Milo o un emperador romano

10, parque del Cincuentenario
Entrada por la avenue des Nerviens, cerca de la entrada de los museos de Arte y de Historia.
Tel: 02 741 72 94
Abierto de martes a viernes de 9.30h a 12.00h y de 13.30h a 16.00h, y los jueves de 9.30h a 18.00h
Entrada gratuita

Los talleres de modelado son un lugar sorprendente, fuera del tiempo y de las modas, donde es muy agradable pasar un rato. Los empleados son encantadores y estarán contentos de compartir su pasión con ustedes. Con su permiso, pasen un momento y véanles trabajar en su taller. Pídanles que les expliquen algo de la técnica que utilizan e intenten echar un vistazo al lugar donde almacenan los más o menos 4.000 moldes. En ellos echarán la escayola que servirá para crear las estatuas. Soliciten que les enseñen el depósito de estatuas, bustos y otros modelados.

Además de la visita, los talleres proponen también un espacio para exposiciones y un catálogo en el que podrán escoger la obra de arte cuya copia quieran comprar. Para los que siempre han soñado con tener en su salón la Venus de Milo o un emperador romano, ésta es la oportunidad. Un torso desnudo del siglo IV a.C. o una princesa napolitana del Renacimiento italiano cuestan unos 250 €. Una reproducción del Cristo crucificado de Donatello del siglo XV cuesta alrededor de 300 €. Para los más ambiciosos, un busto trabajado de Colbert llega a los 900 €, más o menos el mismo precio que una simple estatua de cuerpo entero. Todos estos precios incluyen un acabado en bruto, muy blanco. Si quieren una pátina crema, hay que añadir un 25 % del precio inicial. Para otras pátinas, un 50 %.

¿Por qué privarse cuando se puede adquirir una escultura de Donatello en bronce de imitación por 450 €?

Los talleres de modelado se fundaron en 1876, al mismo tiempo que otros en varias ciudades europeas, especialmente en Londres, París y Atenas. Se crearon con fines didácticos, para mostrar obras maestras de la escultura mundial sin tener que desplazarse a la otra punta del planeta. Desde sus inicios, el British Museum, el Louvre, el museo de Atenas o el de Bruselas se intercambiaron moldes y modelados de sus colecciones propias. En Bruselas, como en otras ciudades, numerosas obras maestras resultaron así accesibles para los artistas aprendices que podían practicar con estas escayolas antes de lanzarse con sus propias obras.

El uso más inesperado de estos talleres fue el de poder reconstituir originales perdidos, robados o destruidos. Podemos citar, por ejemplo, el famoso relicario de santa Gertrudis, que se fundió en las llamas del bombardeo de Nivelles durante la Segunda Guerra Mundial. Los moldes de los talleres permitieron la reconstrucción del original.

TERRAZAS PANORÁMICAS DE LA ARCADE DU CINQUANTENAIRE

Unos "generosos donantes" que sirvieron de testaferros a Leopoldo II...

Parc du Cinquantenaire 3
Entrada gratuita por el Musée Royal de l'Armée et d'Histoire Militaire
Abierto todos los días de 9.00 h a 12.00 h y de 13.00 h a 16.45 h. Cerrado lunes
y algunos festivos
Tel.: 02 737 78 33 - www.klm-mra.be
Cómo llegar: Metro Mérode

Tanto si quiere impresionar a su pareja como si quiere alardear delante de unos amigos que están de visita, las terrazas panorámicas de la Arcade du Cinquantenaire son con toda seguridad un buen plan. Situadas a ambos lados de la cuadriga de bronce Brabante blandiendo la bandera nacional, ofrecen una panorámica de 360 grados de todo Bruselas y permiten entender el papel de "puerta" de la arcada en esta parte de la ciudad. A un lado, se ve el Parc Royal y al otro, la vegetación del bosque de Soignes.

La arcada, de 60 m de ancho en total y 40 m de alto, está construida con piedra azul sobre unos cimientos de hormigón. Presenta un verdadero catálogo de la escultura belga de finales del siglo XIX. Su tumultuosa historia abarca 25 años. De hecho, su enorme coste disuadió durante mucho tiempo a las autoridades de llevar a cabo su construcción, a pesar de la insistencia de Leopoldo II.

Diseñada por el arquitecto Gédéon Bordiau para la Exposición que celebraba los cincuenta años de Bélgica en 1880, presentaba al principio una sola arcada, construida simplemente en madera y staff[1]. En 1890, contemplaron construirla con materiales duros en el marco de la Exposición Universal de 1897, pero los fondos destinados al proyecto resultaron ser insuficientes. Solo se construyeron los pilares de hormigón y, de nuevo, soportaban la arcada hecha con materiales provisionales. En 1904, Leopoldo II, en previsión de las ceremonias del 75 aniversario de Bélgica, decidió terminar la arcada por sus propios medios.

Usando testaferros bajo la forma de "generosos donantes", financió la totalidad de las obras con dinero personal y con ingresos procedentes del Congo (de ahí el apodo de la arcada "de las manos cortadas", que dieron los opositores a la brutal política de los gobernadores del rey en África). Lamentablemente, el arquitecto Bordiau murió en 1994 y Leopoldo acudió al francés Charles Girault, autor del Petit Palais de París. Girault modificó el proyecto de Bordiau y propuso una arcada triple, más adecuada a la entrada de una ciudad y a las dimensiones de la Avenue de Tervueren. Empezó entonces dinamitando los pilares existentes. La arcada se inauguró en septiembre de 1905, tan solo ocho meses después del inicio de las obras.

Si suben por la escalera, en uno de los rellanos descubrirán fotos antiguas con las distintas etapas de la arcada y de los palacios del Cinquantenaire.

---

[1] *Staff: composición de yeso y fibras vegetales para crear decoraciones.*

RECEPCIÓN
DEL HOSPITAL SAINT-MICHEL

Un vestíbulo futurista

Rue de Linthout 130

Al entrar en el hospital Saint-Michel, algunos pensarán que se han equivocado de lugar. Para nada. Lo que sucede es que los responsables del Saint-Michel, en vez de conformarse con la clásica recepción de un hospital, prefirieron tener un vestíbulo digno de una película de ciencia ficción. Recurrieron a Antoine Pinto, un decorador de interiores muy conocido por su trabajo en cafés y restaurantes, quien diseñó la recepción del hospital.

Además del mostrador de recepción en forma de platillo volante, Pinto también diseñó en este mismo estilo futurista la cafetería del hospital. La cafetería cuenta con una cúpula que alberga una mesa separada del resto del restaurante. Cabe destacar también las líneas de colores fluorescentes incrustadas en el suelo que indican el camino a seguir hacia las diferentes unidades hospitalarias o a las habitaciones.

QUÉ VER EN LOS ALREDEDORES
Parque Hap

Chaussée de Wavre 510
Cómo llegar: Autobús núm. 34, parada Fétis

El parque Hap, un pequeño parque de algo más de una hectárea encajado entre la Chaussée de Wavre y la Chaussée de Auderghem, es uno de los secretos mejor guardados de Etterbeek, a dos pasos de las instituciones europeas. Dentro del parque, auténtico oasis en pleno centro de la ciudad, hay árboles centenarios, un estanque, un quiosco, un antiguo invernadero de naranjos, una gran extensión de césped, el nacimiento del arroyo Le Broebelaer y unos bancos con unas pequeñas placas en memoria de ciudadanos fallecidos.

En 1804, Albert-Joseph Hap, industrial burgomaestre de la comuna de Etterbeek, decidió comprar un gran terreno que bordeaba el arroyo Le Broebelaer. Su hijo, François-Louis Hap, notario y también burgomaestre de la comuna, mandó construir en él una casa que hoy se puede ver desde el parque, pero que lamentablemente está en muy mal estado. Su nieto, Jean-Félix Hap, heredó el terreno y mandó construir un parque que fue donado a la comuna en 1988 tras morir su hijo, Jean Hap.

EL CONCERT NOBLE

*Un antiguo club social para los miembros
de la nobleza*

Rue d'Arlon 82
Tel: 02 286 41 51
Abierto todos los días entre las 9.00h y las 16.00h
e-mail: info@concertnoble.com

En pleno barrio europeo, en medio de edificios modernos más o menos logrados, sorprende la presencia de un lugar como éste. Antiguo club social para los miembros de la nobleza, el Concert Noble es hoy un conjunto de salas de recepción de prestigio que pueden alquilarse para acoger hasta 800 personas. Por esa razón pueden visitarse.

Impulsada por el rey Leopoldo II, la sociedad del Concert Noble hizo construir las actuales salas de fiesta en 1873 en el barrio Leopoldo, donde la nobleza belga poseía sus residencias urbanas. El arquitecto Hendrik Beyaert utilizó un concepto único: creó un conjunto de salas cada vez más grandes, que subían gradualmente desde la galería hasta culminar en el impresionante salón de baile. Así, en un majestuoso estilo Luis XVI, se suceden tapices, un retrato de Leopoldo II y la reina María Luisa y un mobiliario en su mayor parte estilo Directorio.

QUÉ VER EN LOS ALREDEDORES

Un momento de relax para los funcionarios europeos
Estudios Sanseviera ㊳

Rue du Parnasse 24 - Tel: 02 512 07 13
Abierto de lunes a viernes de 8.00h a 23.00h

Un "hotel para el día" en pleno barrio europeo sorprenderá a algunos. Pero otros pensarán que si no existiera, habría que inventarlo. Al fin y al cabo las reuniones del parlamento no son siempre apasionantes para todo el mundo... Desde 1998, la propietaria acoge calurosamente a sus clientes (la mayor

parte parejas de habituales) en un lugar de un erotismo juguetón. Más allá de las clásicas habitaciones con espejos, los más intrépidos se iniciarán en las alegrías del sadomasoquismo soft en la habitación preparada a tal efecto. Papel pintado "estilo torre del homenaje", cruz de San Andrés, jaula estrecha de falso metal oxidado, cuerdas, esposas, látigo... lo tiene todo.

LOS CONCIERTOS DEL TALLER DEL PINTOR MARCEL HASTIR

Hastirix contra los invasores

Rue du Commerce 51
Clases de dibujo todos los lunes por la tarde - Tel.: 0486 107 167
Conciertos frecuentes - Tel.: 02 281 78 85 (durante el día)
E-mail: ateliermarcelhastir@gmail.com
Cómo llegar: Metro Trône

Milagrosamente salvado gracias a la tenacidad de un hombre, el taller del pintor Marcel Hastir, ¡104 años!, es una auténtica máquina del tiempo. Aquí, uno se sumerge en la época en que el barrio Léopold no era un lugar de negocios lleno de oficinas y atestado de vehículos, sino un lugar que la élite noble y burguesa de la Bélgica de antaño llenaba con sus mansiones, cada cual más lujosa.

En 1935, esta casa construida en 1860 para un oficial de la corte de Leopoldo I y que ampliaron en 1900 con una sala de esgrima, de danza y de deportes, se convirtió en la casa de un joven pintor de retratos, desnudos y paisajes que siguió la formación clásica en la Academia de Bellas Artes de Bruselas. Firme creyente en el humanismo y en la espiritualidad, Marcel Hastir era un teósofo. Cuando estalló la Segunda Guerra Mundial, Marcel eligió rápidamente su bando. Su taller, que simulaba ser una escuela de pintura, sirvió para evitar que los jóvenes fuesen enviados a los campos de trabajo en Alemania y para salvar a los judíos de las garras del Holocausto. Él mismo usó su talento artístico para crear y facilitar papeles falsos. Pintor humanista, figura de la Resistencia, Marcel Hastir también fue un activista cultural fuera de lo común. Desde hace más de 70 años organiza conciertos en su casa (según él, más de 2000). Cantantes como Barbara y Jacques Brel hicieron su debut aquí, y el conocido Concurso Internacional de Música Reina Isabel de Bélgica nació aquí en colaboración con la reina, a quien daba clases de dibujo.

A su avanzada edad, Marcel Hastir sobrevive a sí mismo gracias a una fundación de utilidad pública y una ONG que ha conseguido mantener su casa lejos de las codiciosas manos de los promotores del barrio. Gracias a estas organizaciones, se siguen organizando clases de dibujo (todos los lunes por la tarde) y conciertos en el taller del pintor donde unas 70 personas conviven entre los monumentales retratos y desnudos del viejo maestro. Son momentos insólitos donde el tiempo se desvanece y el arte redescubre totalmente su vocación, la de trascender las épocas y reunir a artistas y a espectadores alrededor de un lugar y de una obra.

BIBLIOTECA SOLVAY

*El industrial Ernest Solvay hizo de la biblioteca
su "fábrica del cerebro"*

Parc Léopold
Rue Belliard 137
Cómo llegar: Autobuses núms. 12, 21, 27 ó 59, parada Parc Léopold
Visitas durante las exposiciones temporales o previa cita en el 02 738 75 96

Para llegar a la pequeña joya de la Biblioteca de Solvay, hay que seguir los tortuosos senderos del parque Léopold. La biblioteca, construida en 1901 por Constant Bosmans y Henri Vandeveld, culminaba el vasto proyecto de una ciudad científica (cinco institutos y laboratorios de investigación) aislada del ruido de la ciudad. El industrial Ernest Solvay era su principal investigador: la biblioteca se convirtió en su "fábrica del cerebro" y en el laboratorio de sus ideas políticas y científicas. Este gran sueño llegó a su fin en 1919, cuando la universidad abandonó las construcciones monumentales, instalándose en el campus de Solbosch. Después de haber sido okupada durante años, la biblioteca fue restaurada en 2004 y desde entonces alberga varias sociedades europeas y eventos diversos.La sala central, que posee una hermosa cúpula en forma de barco, permite fácilmente imaginar la atmósfera de estudio y de recogimiento de la época, especialmente cuando se accede a las salas de estudio individuales, repartidas detrás de las puertas que bordean la galería. Una iluminación natural doble (lateral y cenital) resalta las maderas preciosas, los mosaicos, las vidrieras y la decoración policromada.

QUÉ VER EN LOS ALREDEDORES
Camping « Bruxelles-Europe à ciel ouvert » (41)

Chaussée de Wavre 203
Metro Trône - Tel: 02 640 79 67
Abierto sólo los meses de julio y agosto - 6 € la noche

¿Dormir por 6 € la noche en el corazón de la ciudad? Es el milagro del Camping "Bruselas-Europa a cielo abierto", que ofrece un emplazamiento inesperado para su tienda de campaña favorita en el barrio chic de Ixelles. Las escasas indicaciones, que consisten en un cartón sobre el que se ha escrito a toda prisa y con boli bic la palabra "Camping", seguida de algo que parece una flecha, alimenta la sensación de haber encontrado un refugio secreto lejos de la jungla salvaje de Matongé, de los precipicios sin fondo del barrio europeo y de las frondosas colinas de Etterbeek. Para llegar hasta allí hay que dirigirse hacia la iglesia del Santo Sacramento y después hacia un aparcamiento elevado desde donde se ve la entrada del camping. Éste pequeño terreno campestre cubierto de un césped muy bonito, salpicado de árboles y de flores, pero cercado por imponentes edificios, era antes propiedad del albergue de juventud de la Chaussée de Wavre. Hace siete años, la comunidad de la "Viale Europe" compró el jardín. La Place Royale y el barrio de Saint Boniface están a dos pasos, como el centro de la ciudad, muy próximo. El camping tiene 50 plazas. Si este remanso de vegetación les inspira, en la iglesia del Santo Sacramento se dice misa, o se llevan a cabo celebraciones todos los días, al mediodía y por la tarde.

MUSÉE WIERTZ

*El pintor Antoine Wiertz, que nunca obtuvo
el reconocimiento de sus contemporáneos, quería
"ser Rubens o nada"*

Rue Vautier 62
Cómo llegar: Tranvías números 34, 59 y 80, y metro Trône
Tel: 02 648 17 18
Abierto de martes a viernes, de 10.00h a 12.00h y de 13.00h a 17.00h, y un fin
de semana de cada dos.
Entrada: Gratuita

El Museo Wiertz, escondido en una callecita detrás del Musée des Sciences Naturelles, es uno de los más singulares de Bruselas. Antiguo taller del pintor belga Antoine Wiertz, está consagrado enteramente a las pinturas monumentales del artista. El taller principal, a pesar de su tamaño imponente, desprende una atmósfera intimista que hace de la visita un momento especial.

Antoine Wiertz, henchido de orgullo desde que era muy joven -lo que contribuyó a hacer que le odiaran algunos de sus pares-, tuvo una especie de revelación delante del famoso Descendimiento de la Cruz de Rubens, en Amberes. Desde entonces se consideró el émulo del gran pintor barroco ("ser Rubens o nada") y, según los críticos, en sus pinturas podemos encontrar algo de la fuerza de las obras del maestro de Amberes. Wiertz, quien nunca fue reconocido por sus contemporáneos, herido por algunos fracasos personales, quiso a pesar de todo dejar huella, convencido de que "para juzgar a los pintores, hay que esperar al menos dos siglos". De ahí que pensara en convertir su último taller en un museo. En marzo de 1850 presentó su proyecto a Charles Rogier, entonces ministro del Interior. A cambio de la promesa de donar sus obras al Estado belga, el pintor se salió con la suya e hizo construir, a expensas del gobierno, un amplio taller. Sus proporciones (35 m de largo, 15 m de ancho y 16 m. de altura) le permitieron por fin estar a gusto para ejecutar sus obras monumentales. Es cierto que las proporciones de alguna de sus telas dejan sin habla. Por ejemplo, la Caída de los ángeles rebeldes mide 11,53 por 7,93 m.

Wiertz murió en su museo en 1865. De acuerdo con lo previsto, el legado de sus obras tuvo lugar en 1868 y ese mismo año el museo abrió sus puertas.

Hoy, con cerca de 220 obras de Wiertz, el museo forma parte de los Reales Museos de Bellas Artes de Bélgica, lo que explica que sea gratis, a semejanza del museo Camille-Lemonnier. Razón de más para visitar este lugar ajeno a los circuitos habituales. Especialmente para todos los empleados de la Unión Europea, que demasiado a menudo ignoran que el museo está a algunos minutos de su barrio. Basta con atravesar el bonito parque Léopold.

QUÉ VER EN LOS ALREDEDORES

Rue Wayemberg 12-22

Bonito patio interior adoquinado.

COMPLEJO ALBERT HALL

*Dos soberbias construcciones Art déco: un cine
y un salón de baile*

Chaussée de Wavre 649-651
Cómo llegar: Tranvías números 81 y 82, parada Chasse
Tel: 02 649 98 89
www.albert-hall.com

Es fácil pasar delante del complejo del Albert Hall sin imaginar ni
por un minuto la joya que se esconde detrás de esta fachada, bien
alineada con el resto de la calle.

Sin embargo, en su interior se encuentran dos soberbias salas Art déco
con una superficie total de 2.500 m2. Aunque en teoría no se pueden
visitar, pueden alquilarse. Así podrán verlas aquellos que estén interesados.

El arquitecto Meuleman diseñó en 1932 el salón de baile "Le
Roseland" y el cine "L'Albert Hall". Como ninguna de las salas
necesitaba luz natural, el aspecto subterráneo añade un caché inesperado
a la hermosa decoración de hierro forjado, estuco dorado y esgrafiados
de motivos florales. El complejo se cerró en 1965, siendo restaurado
treinta años más tarde.

Le Roseland es perfecto para los enamorados del baile: una pista de
parqué de 150 m² a la que se abren dos balcones, uno al nivel de la pista
y el otro en una mezzanina. Hay que fijarse también en las dos vidrieras
del hall de entrada, que representan a Charlie Chaplin y Virginia Cherril
en la película Luces de la ciudad.

QUÉ VER EN LOS ALREDEDORES

Impasse del 56 de la chaussée Saint Pierre ㊺

Calle pequeña y bonita bordeada de casas de campo.

Avenue de la Chasse 141 ㊻

Menos conocida que la casa Cauchie del número 5 de la Rue des Francs, el número 41 de la Avenue de la Chasse fue construido también por Cauchie. Data de 1910 y ofrece un hermoso esgrafiado decorado con dos figuras femeninas sentadas en el centro de una decoración floral. Ha sobrevivido gracias a sus propietarios, Guy y Léo Dessicy, que lo salvaron de la destrucción y lo restauraron.

Cité Jouet-Rey ㊼

Entradas frente al número 35 de la Rue des Cultivateurs y frente al número 14 de la Rue du Général-Henry

La cité Jouet-Rey (construida en 1909-1910 de acuerdo con los deseos de los Hospicios de Bruselas) está dividida en 32 casas de ladrillo que forman un pueblo en el mismo corazón de la capital. Es un conjunto de aspecto rural, organizado alrededor de un campo de césped central muy agradable. Cuando llega el buen tiempo, los habitantes sacan sus tumbonas o se tienden sobre la hierba bajo la mirada de los escasos visitantes que tienen todo el tiempo para impregnarse de la calma del lugar, sentados en uno de los bancos sabiamente colocados. La cité está ocupada por tres asociaciones que trabajan para ayudar a las personas de edad, enfermas o con dificultades.

MUSEO DE LA POLICÍA

Incursión en la historia del crimen

Avenue de la Force aérienne 33
Abierto de lunes a viernes, de 9.00 h a 12.00 h y de 13.30 h a 16.30 h
La visita es gratuita
Puede ser libre o guiada (se aconseja la visita guiada) para grupos de un mínimo de 15 personas previa reserva llamando al 02 642 69 29
Se puede incluir la visita a los establos de la gendarmería o un democrático almuerzo en la cantina
Cómo llegar: Tranvía núm. 23, 24 y 25, parada Deuxième Lanciers

Detrás de una de las austeras fachadas del barrio de las Casernes, en Etterbeek, hay un sorprendente museo de la policía. La visita empieza de un modo clásico evocando el nacimiento de la policía. Esta, en la acepción moderna de la palabra, es un invento relativamente nuevo, creado bajo el mandato francés en 1794, con tres cuerpos: la gendarmería, la policía rural y la policía municipal. La planta baja muestra, con maniquíes, esta historia salpicada de cambios técnicos (evolución de los vehículos con ruedas, por ejemplo), cambios de mentalidad (como la incorporación de las mujeres a finales de los años 60) y modificaciones en la organización (reforma de las policías, etc.).

Aunque esta sección es didáctica e interesante, el alma del museo está en la planta superior. El museo de la antigua escuela nacional de criminología y criminalística, más conocido como el museo del Crimen, antaño situado en el laberinto del Palacio de Justicia de Bruselas, se trasladó aquí hace unos años.

Varias piezas de convicción de casos pequeños y grandes se encuentran juntas en un relativo caos que acentúa los abundantes e inquietantes aspectos de la historia del crimen de Bélgica. Hay algunas cosas divertidas como los pequeños dispositivos que se pensaban existían solo en la imaginación de los novelistas: bastones espada, paraguas con cuchilla, un libro-escondite para un revólver, un bolígrafo estilete, un teléfono móvil que oculta un arma de electrochoque, etc. La falsificación también tiene su lugar aquí, con una panoplia de piezas que muestran el ingenio de los falsificadores o una colección de obras maestras falsas, de Khnopff a Somville, recuperadas por la brigada de obras de arte. Las herramientas del perfecto ladrón de cajas fuertes o las técnicas del carterista son condenadamente interesantes.

El museo, reflejo de la realidad, también indaga en lo turbio, desde la caja insonorizada en la que una joven sueca permaneció encerrada 4 días enteros en 1993 hasta un frasco de formol con un feto, pieza de convicción de una época en que el aborto era ilegal. El colmo de lo macabro: unos quince moldes de rostros realizados post mortem de condenados a muerte guillotinados, con la esperanza de establecer, según una obsesión científica típica del siglo XIX, una teoría fisonómica de los asesinos...

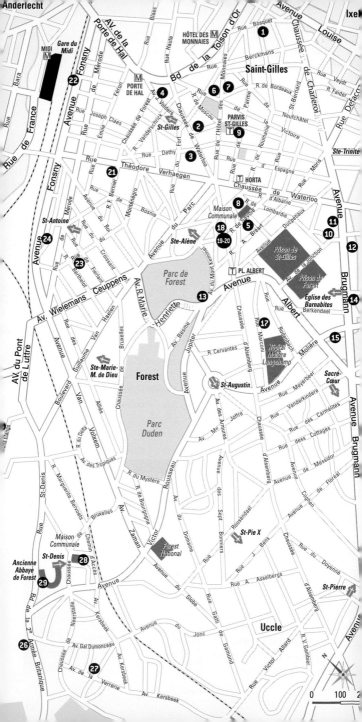

Saint-Gilles y Forest

TEMPLO TIBETANO SAMYE DZONG ⑤①

Meditación todos los días

Rue Capouillet 33
Cómo llegar: Metro Louise u Hôtel-des-Monnaies
Tel: 02 537 54 07
www.samye.be
Tienda abierta de martes a jueves de 14.30h a 20.00h, los viernes y sábados de 14.30h a 18.30h, y por la noche los días de actividad en el templo. Meditaciones (abiertas al público) todos los días de 18.30h a 19.30h

El templo tibetano de la Rue Capouillet, instalado en un hermoso edificio de Saint-Gilles, a dos pasos de la Avenue Louise, es un lugar exótico e intemporal.

Son las siete de la tarde. Al pasar por delante del templo, se ve una hermosa residencia pintada de colores vivos, al fondo de la cual se adivinan unas estatuas pequeñas. Llamamos y nos abre una persona encantadora, preguntando si venimos por la "Shiné". Nos pillan desprevenidos, así que respondemos que venimos por la meditación. "Eso es", nos dice ella. "No hagan ruido, es justo enfrente". Nos quitamos los zapatos y abrimos la puerta, que chirría ruidosa. Seis personas están sentadas en silencio, con los ojos cerrados, en plena meditación. Media hora más tarde la meditación acaba tranquilamente, con algunos mantras (oraciones recitadas en voz alta). Todo el mundo se levanta y entonces hacemos algunas preguntas.

El templo, fundado en 1977, sigue la tradición Karma Kagyupa, una de las cuatro escuelas de budismo tibetano. Desde septiembre de 2001, el centro de Bruselas, que depende del centro principal de la escuela, el templo Samye Ling en Escocia, acoge a Guelong Grimé, un monje inglés que ha vivido 30 años en Samye Ling. Para los que desearían disfrutar durante más tiempo de la atmósfera apacible del templo y de su pequeño jardín, así como de su biblioteca, se han acondicionado algunas estancias.

QUÉ VER EN LOS ALREDEDORES

Azulejos de las antiguas Casquerías ②

Atrio Saint-Gilles 19
Abierto todos los días, excepto los domingos, de 10.00h a 19.00h. Los sábados, de 10.00h a 14.00h

La Gran Casquería de Saint-Gilles (antigua carnicería Van Herbergen), convertida en una autoescuela, ha dejado para la posteridad dos bellos paneles de azulejos que representan paisajes de Brabante. El primero muestra dos vacas en un prado; el segundo unos corderos en el campo, con un molino de viento al fondo. Estos paneles, obra de la sociedad Helman, como los del restaurante Saint-Vincent en el centro, datan de 1905.

Azulejos del número 6 de la rue Dethy ③

Hermosos azulejos de la antigua pescadería de la Panne, realizados por Rémi Boels.

Casa Winssinger ④

Rue de l'Hôtel-des-Monnaies 66

Hermoso edificio construido entre 1894 y 1896 por Victor Horta. Es propiedad de la empresa de seguros Le Lion Belge, y no se visita. Sin embargo, es posible echar un rápido vistazo desde la entrada y admirar los tiradores de las puertas y las lámparas. La casa fue declarada monumento histórico en 1984.

Los esgrafiados

Actualmente, muchas fachadas de las casas y edificios de Bruselas están adornadas con esgrafiados. Deben su existencia principalmente al desarrollo del Art nouveau, que hizo un uso masivo, aunque no exclusivo, de esta antigua técnica. El término "esgrafiado" viene del italiano *graffiare*, que significa rascar o raspar. Designa una técnica de decoración mural que consiste en revestir una superficie con un enlucido claro que cuando está todavía húmedo se raspa parcialmente para sacar a la luz las capas de debajo, creando de esta manera un dibujo. Los esgrafiados se utilizaron en el Renacimiento italiano, con frecuencia en dos colores (blanco y gris plateado), especialmente por el pintor y arquitecto Giorgio Vasari. Fueron redescubiertos en Europa occidental en el siglo XIX por la influencia de Gottfried Semper (1803-1879). Originalmente monocromo o bicromo, el esgrafiado tiene entonces un nuevo desarrollo y la técnica se afina: junto con el simple rascado de la superficie, aparece la incisión de líneas y se desarrolla la aplicación del color. Del negro como color de fondo se pasa al gris, al verde oscuro o al castaño. El enlucido de revestimiento evoluciona desde un blanco simple de cal hasta un tono más amarillento. Finalmente, la técnica del fresco (se tiñe el mortero cuando aún está fresco) se utiliza para permitir una gama de color más amplia y dar una mayor profundidad al dibujo. En Bruselas, la primera gran construcción decorada con esgrafiados que se ha conservado es probablemente la casa Goblet d'Alviella, en el número 10 de la Rue Faider, en Saint-Gilles, construida en 1882. Pero la que supuso un punto de inflexión fue la casa de Paul Hankar, en el número 171 de la Rue de Defacqz. Este edificio estableció los grandes principios del esgrafiado en los años siguiente. Poco a poco, también se convirtió en una realización importante del Art nouveau. Sin darse cuenta verdaderamente, el arquitecto Paul Hankar y el decorador Adolphe Crespin pusieron aquí las bases de la fructífera colaboración entre ambas formas de arte. Para muchos habitantes de Bruselas, Art nouveau y esgrafiados han llegado a ser casi inseparables, aunque Horta y Paul Vizzavona se negaron a utilizarlo para decorar las fachadas de sus construcciones Art nouveau. En Bruselas, Crespin (en los números 48 y 71 de la Rue Defacqz y sobre todo el número 26 de la Rue de Parme), Henri Baes (en el número 12 de la Rue Van-Moer), Privat Livemont (en el 17 de la Rue Vogler, en el 67 de la Place des Bienfaiteurs, en el 16 de la Rue Locquenghien, en el 83 de la Rue Faider, en el 58 de la Rue des Capucins, en los grupos escolares del número 229 de la Rue Josaphat y en el 103 de la Rue Roodebeck), Paul Cauchie (en el número 5 de la Rue des Francs, en el 47 de la Rue Malibran y especialmente, en el 297 de la Avenue d'Auderghem), Gabriel van Divoet o incluso Blérot y Strauven fueron los grandes arquitectos que destacaron en la realización de esgrafiados.

CONJUNTO ART NOUVEAU DE LA RUE VANDERSCHRIK

El mejor Blérot

Del número 1 al 25 de la Rue Vanderschrik
Número 13 de la Rue de Waterloo
Números 42-48 de la Rue Jean-Volders

El conjunto de la Rue Vanderschrik, construido entre 1900 y 1903 por Ernest Blérot, fue declarado monumento histórico en 1988. Es un ejemplo único en Bruselas de creaciones Art nouveau de gran envergadura: 17 casas sucesivas, a lo largo de toda una calle. Debe su origen a una decisión del Ayuntamiento en 1889, que disponía prolongar la Rue Vanderschrik para crear una nueva comunicación entre la Rue de l'Église y la Chaussée de Waterloo. La viuda Elsom se ofreció a comprar un lado entero de esa prolongación y dos años más tarde hizo construir: los números del 1 al 13 (primera fase) se distinguen de los del 15 a 25 (segunda fase) por la presencia de sus locales comerciales a pie de calle. El conjunto conserva su encanto, aunque su estado de conservación es relativamente mediocre. Los esgrafiados retoman los temas favoritos de Blérot: la salida y la puesta del sol, y otros menos recurrentes, como estanques con nenúfares o pájaros sobre un fondo de cielo azul. El restaurante del número 25 es una realización neo-Art nouveau de los años 90 sin ningún encanto, salvo por la originalidad de sus baños. La Chaussée de Waterloo muestra igualmente hermosos esgrafiados, que también se pueden encontrar en los edificios de los números 42 y 40 de la Rue Jean Volders.

Ernest Blérot *(Bruselas, 1870 - Elzenwalle, Ypres, 1957)*

Después de Victor Horta, Blérot fue el arquitecto más apreciado de Bruselas a principios del siglo XX. Lejos de poseer el genio de su colega, quien creó una nueva concepción global de la arquitectura, ha quedado como un maestro de las artes decorativas. Blérot utilizaba un diseño único, estandarizado, sin verdadera preocupación estructural, concentrando su energía en la decoración de las fachadas para las que realizaba un trabajo realmente individualizado. Dicha estandarización le permitía reducir a la vez los tiempos y los precios de creación, así como responder mejor a los deseos de su clientela pequeño-burguesa, para la cual era más importante el efecto estético de la fachada que el confort.

En una decena de años, Blérot construyó en Bruselas unas sesenta casas de las cuales destacan dos o tres conjuntos: el de la Rue Vanderschrik en Saint-Gilles (17 edificios adosados), el del barrio Daint-Boniface en Ixelles, donde se alzan once realizaciones suyas, y el del barrio de los estanques de Ixelles, que cuenta también con once construcciones.

PASEO ART NOUVEAU
EN SAINT-GILLES

Uno de los conjuntos Art nouveau más sobresalientes de Bruselas

Avenue Jef-Lambeaux 12, 35, 36 y 38 - Avenue Paul-Dejaer 9
Chaussée de Waterloo 246, 248 y 250 - Antoine-Bréart 7
M.-Wilmotte 28 - Place Louis-Morichar 14 y 15
Rue de Parme 26 - Rue de l'Hôtel-des-Monnaies 66 - Rue Vanderschrik
Cómo llegar: Metro Porte-de-Hal; Tranvías números 3, 55 y 92, parada Horta

Saint-Gilles posee un rico patrimonio de arquitectura Art nouveau. Aquí proponemos un paseo para descubrir las fachadas más interesantes del barrio. Empieza en el número 38 de la avenida Jeff-Lambeaux, con un hermoso y desconocido esgrafiado. Justo al lado, en el número 36, encontrarán una bonita casa construida en 1900 por un arquitecto anónimo. Enfrente, el número 35 fue realizado por Cl. Verhas en 1910. Y finalmente, siempre en la misma calle, el número 12 fue construido por Georges

Peereboom para Antoine Peereboom, experto geómetra y representante político de Saint-Gilles en 1898. Hay que continuar descendiendo por la Avenue Jeff-Lambeaux en dirección a la Rue de Savoie. Giren a la izquierda y si les apetece pueden tomarse una cerveza en Moeder Lambic, una cervecería que abre a las cuatro de la tarde, muy conocida en el barrio. Giren a la derecha y bordeen el Ayuntamiento. En la Place Van-Meenen tomen la Rue Paul-Dejaer. En el número 9 se encuentra una soberbia casa construida por G. Strauven en 1902, en la que destacan especialmente los trabajos en hierro forjado. Cojan después la Chaussée de Waterloo a la derecha, donde, en los números 246, 248 y 250 se alzan tres bonitas casas construidas en 1905 por J.-P. van Oostveen. Los edificios siguientes, desde el número 252 hasta el número 256, son del mismo arquitecto, pero menos espectaculares. Un poco más adelante, cojan la tercera calle a la derecha. Justo en la esquina, el número 7 de la Rue Antoine-Bréart fue levantado en 1898 por Paul Hankar por encargo del sastre Jean Baptiste Aglave (podrán disfrutar de los bonitos esgrafiados de Adolphe Crespin). Vuelvan sobre sus pasos hasta la Chaussée de Waterloo. Giren a la izquierda y después la primera calle a la derecha, la Rue M. Wilmotte, ofrece en el número 28 una preciosa construcción de A. Toisoul. Fíjense en el gran esgrafiado de una mujer sentada. Vuelvan de nuevo sobre sus pasos y tomen a la derecha la Rue d'Espagne. Llegarán rápidamente a la Place Louis Morichar, donde, en el número 41, en la prolongación de la Rue d'Espagne, se encuentra una magnífica casa construida en 1900 por Blérot. Hay que admirar especialmente sus esgrafiados que destacan por su color y su originalidad. Enfrente, al otro lado de la plaza, en el número 14, se alza la casa Delcoigne, muy hermosa, construida en 1899 por Georges Delcoigne y también decorada con bonitos esgrafiados. Seguidamente, bajen la plaza y giren a la derecha por la Rue du Lycée, que enseguida se convierte en la Rue de Parme. En el número 26 se sitúa una antigua tienda de fotografía. Edificada en 1897 por Fernand Symons, presenta esgrafiados ejecutados por Adolphe Crespin. Den media vuelta, anden unos pocos metros, y giren a la derecha por la Rue de la Victoire y otra vez a la derecha por la Rue de l'Hôtel des Monnaies. En el número 66 se encuentra la casa Winssinger, construida por Horta (véase la página 157). Si por casualidad sintieran la necesidad de que les corten el pelo, éste es el momento. Casi enfrente, en el número 81, está el "Salon d'Art", uno de los salones de belleza más singulares y agradables de la capital. Finalmente, retomen la Rue de la Victoire hacia la Porte de Hal. Cojan la tercera a la izquierda hasta que lleguen a la Rue Vanderschrik, donde acaba este hermoso paseo con uno de los conjuntos Art nouveau más sobresalientes de Bruselas (véase la página 159). Esta caminata puede ampliarse añadiendo la casa Hannon en el 1 de la Rue de la Jonction y la casa Les Hiboux, además del célebre Museo Horta, en el 23-25 de la Rue Américaine, no incluidos en esta guía. Por último, también está la Rue Defacqz, donde pueden apreciarse tres edificaciones de Paul Hankar.

AYUNTAMIENTO DE SAINT-GILLES ⑦

*El Ayuntamiento, construido a la manera
de los palacios del Renacimiento, fue decorado
por más de 107 artistas*

Place Van-Meenen 39
Cómo llegar: Tranvías números 81 y 82, parada Horta
Tel: 02 536 02 11 - Visita guiada todos los primeros miércoles de mes

Demasiado a menudo se olvida que el Ayuntamiento de Saint-Gilles es un verdadero museo de arte de principios del siglo XX. Debido a su función administrativa, está por definición abierto al público y su visita es gratuita.

Se inauguró en 1904. Nació de una iniciativa del alcalde Van Meenen, quien más tarde dio su nombre a la plaza situada delante del edificio, para responder a una población en constante crecimiento. Con su torre de 42 metros, fue construido a la manera de los palacios del Renacimiento por el arquitecto autodidacta Albert Dumont (1853-1920), quien había realizado en 1895 la urbanización de La Panne y de Hardelot-Plage en Francia. Más de 107 artistas contribuyeron a la decoración del edificio de acuerdo con los deseos del consejo municipal.

Numerosas estatuas decoran el exterior. Destaca la escultura de Jef Lambeaux que se encuentra en la entrada del patio, La Déesse du Bocq (la Diosa del Bocq), que fue un escándalo en la época. Esta escultura, que supuestamente simboliza la canalización de las aguas del Bocq, representa una mujer joven de esbeltas formas. Después de haber escandalizado a la opinión pública, desapareció en las bodegas, como le ocurrió a Las pasiones humanas del pabellón Horta en el parque del Cincuentenario (véase página 111), y no volvió en su sitio hasta ¡1976!

También el interior es muy especial. La mayoría de las salas están abiertas: en general, basta con abrir la puerta. El gran hall y la escalera de honor están decoradas con varios paneles de los Cluysenaar, padre e hijo, de Jacques de Lalaing y de Albert Ciamberlani, así como estatuas entre las que sobresalen La Volupté (La voluptuosidad), de Jef Lambeaux, hecha en mármol de Carrara, y de la versión original de La Porteuse d'Eau (la Aguadora), de Julien Dillens. Esta escultura, símbolo municipal, está inspirada en una jovencita que antaño abrevaba los caballos del ómnibus que recorría la Chaussée de Waterloo, cuyo final de parada se situaba en La Barrière. Allí se alza hoy una copia de la famosa estatua.

La Sala de bodas tiene un hermoso techo pintado por Fernand Khnopff, así como tapices realizados por Hélène de Rudder. Justo al lado fíjense en una bella colección de porcelanas antiguas. La sala más suntuosa es probablemente la Sala de los Pasos Perdidos, decorada por Omer Dierickx, que necesitó más de cuatro años para realizar la composición del techo, titulada La Liberté descendant sur le monde aux acclamations de l'Humanité (La Libertad que desciende al mundo en medio de las aclamaciones de la Humanidad).

CASA PELGRIMS

*Art déco y Renacimiento: un hermoso ejemplo
de arquitectura ecléctica*

Rue de Parme 69
Cómo llegar: Metro Hôtel-des-Monnaies
Tel: 02 534 56 05

La casa Pelgrims es un edificio único en Saint-Gilles: vasta casa señorial aislada dentro de un parque que antaño fue su jardín particular. Hoy hay dos maneras de visitarlo. La primera, esperar pacientemente uno de los eventos que se organizan allí con regularidad: conciertos, inauguraciones de exposiciones, etc. Hay que estar pendiente de las distintas publicaciones municipales o llamar por teléfono. La otra es, simplemente, llamar al timbre en horas de oficina y decir que van al "service de la culture" ("servicio de cultura"). Aquí están instalados los despachos desde 2001, porque el edificio consistorial se había quedado pequeño. Si se pide con amabilidad, y si los empleados municipales tienen tiempo, les abrirán amablemente las puertas y con mucho gusto les guiarán a través de las estancias más sobresalientes del edificio. Lo hacen como favor, porque, oficialmente, la casa no está abierta para ser visitada. Sepan apreciarlo y comprendan que, en algunas ocasiones, se verán obligados a negar el acceso.

La casa Pelgrims, adquirida por la municipalidad en 1963 y declarada monumento histórico en junio de 2001, es un hermoso ejemplo del estilo ecléctico que caracterizó a Bruselas a finales del siglo XIX. Por ejemplo, el magnífico jardín de invierno anuncia el Art déco con su soberbia vidriera azul, su fuente y sus mosaicos. Por su parte, la galería de la planta baja que se abre sobre el jardín recuerda la arquitectura de las villas italianas del Renacimiento. La casa, construida en 1905 por el arquitecto Adolphe Pirenne para la familia Colson, fue comprada en 1927 por el rico farmacéutico Pelgrims. Éste contrató al arquitecto Fernand Petit para realizar algunos arreglos. Petit se dará a conocer unos diez años más tarde por la construcción de la Estación del Mediodía y de la Oficina de Correos.

El inmueble goza de una situación excepcional, sobre el parque formado en su mayor parte por el antiguo jardín del convento de Notre-Dame-du-Cénacle. Diseñado como un parque paisajístico a la inglesa, el jardín esconde un estanque alimentado por el Elsbeek, uno de los últimos restos de las fuentes y de los cursos de agua de Saint-Gilles. Las falsas ruinas que hacen referencia a la Antigüedad y al tiempo que pasa le dan cierto encanto.

El parque, llamado Pierre Paulus en honor al artista pintor y grabador que fue el primer presidente del Grupo de Arte de Saint-Gilles, fue declarado monumento histórico en 1997.

CASA HANNON

*La única realización en el estilo Art nouveau
de Brunfaut*

Avenue de la Jonction 1
*Abierta de miércoles a viernes de 11.00h a 18.00h y los fines de semana de
11.00h a 18.00h*
Entrada: 2,50 €

La magnífica casa Hannon, hoy en día ocupada por la asociación fotográfica Contretype, es uno de los ejemplos más hermosos de Art nouveau en Bruselas.

Esta mansión, construida en 1902 por el arquitecto Jules Brunfaut, tiene la asombrosa particularidad de ser la única realización en el estilo Art nouveau del mencionado arquitecto. Brunfaut era amigo del propietario, Édouard Hannon, y le dio muestras de su amistad ensayando en este edificio un estilo nuevo para él.

El resultado es elocuente. Es evidente que Brunfaut se inspiró en Horta y en Van Rysselberghe. También llamó a Émile Gallet, el célebre maestro vidriero de Nancy, para que se encargara del mobiliario, y al pintor de Rouen, Paul-Édouard Baudoin, alumno de Puvis de Chavanne, para el soberbio fresco de la escalera.

En 1965, a la muerte de Denise Hannon, hija del propietario, la casa fue abandonada y estuvo a punto de ser demolida por un promotor inmobiliario. El comité del barrio se alzó contra esta aberración y el Ayuntamiento de Saint-Gilles compró el edificio en 1976, el año en que fue declarado monumento, acabando su restauración en 1988.

Entretanto, una parte del mobiliario desapareció. Desde entonces, una parte puede verse en el Museo de las Artes Decorativas de París. La casa sirve hoy de marco a distintas exposiciones de fotografía (bonito guiño a la pasión de Édouard Hannon por la fotografía), pero lo que le da un mayor valor es la arquitectura de su exterior y de la planta baja, la escalera y el fresco.

QUÉ VER EN LOS ALREDEDORES
Casa "Les Hiboux"   ⑩
Avenue Brugmann 55
Otro hermoso ejemplo de casa Art nouveau en Bruselas, construida en 1895 por Édouard Pelseneer (1870-1947). Hay que fijarse en los esgrafiados de los dos búhos que han dado su nombre a la casa, así como en las ventanas circulares, que dan la impresión de mirar fijamente al visitante, a semejanza de los ojos de los búhos. Es propiedad privada.

Maison Fernand-Dubois   ⑪
Avenue Brugmann 80
Antigua casa del escultor Fernand Dubois, construida entre 1901 y 1903 por Victor Horta, aunque ésta no sea su creación más espectacular ni la más conseguida.

QUÉ VER EN LOS ALREDEDORES

Casa en el número 5 de la avenue du Mont Kemmel ⑫

Casa personal del arquitecto Arthur Nelissen, espectacular sobre todo por su gran ventanal circular.

Casa y taller de Louise Dehem (13)

Rue Darwin (Ixelles) números 15 y 17

Fachadas Art nouveau muy hermosas con esgrafiados que representan el amanecer. Las dos casas, encargadas en 1902 por la pintora y escultora Louise Dehem, que vivió en el número 15 (construido en 1902) e hizo del número 17 (construido en 1904) su taller, tuvieron un origen poco claro. Algunos atribuyen su construcción a Ernest Blérot. Otros las consideran un trabajo de su colega Georges Peerboom.

Casa Philippot (14)

Avenue Molière 153-155

El edificio, construido en 1908 por el arquitecto Jules Brunfaut (el arquitecto de la casa Hannon), impresiona por la majestuosidad de su fachada, así como por el gran bajorrelieve de Jef Lambeaux. Se pueden admirar también los luminosos búhos del número 151.

Avenue Molière 172 (15)

La fachada del número 172 aparece decorada con hermosos mosaicos que representan águilas y motivos estilizados de influencia Egipcia. El arquitecto Jean-Baptiste Dewin recurrió a menudo a este estilo decorativo.

Cité Mosselmans (16)

32, rue Marconi

La original puerta de entrada de estilo egipcio merece un vistazo.

ART DÉCO EN EL CAFÉ DES SPORES ⑰

Buen vino en una carnicería art déco

Chaussée d'Alsemberg 103
Tel.: 02 534 13 03
Abierto de martes a viernes a las 20.00 h. Viernes a las 12.00 h
www.cafedesspores.be

Delicioso e insólito, el Café des Spores es el lugar de las setas en Bruselas. La variedad de setas en todas sus formas y tamaños cambia con las temporadas. Al restaurante, que ocupa las paredes de una antigua tienda, no le falta encanto. Pero es su anexo, La Buvette, enfrente, lo que merece una visita. Esta pequeña obra maestra *art déco* es una antigua carnicería, cuya decoración, de 1943, es obra del arquitecto François Mees. El exterior y el interior se mezclan entre sí gracias al uso de azulejos de colores claros, entrecruzados por finas bandas negras. La carpintería, el hierro forjado, el techo de *marbrite* (un cristal opaco que imita el mármol) y las estanterías son los originales.

QUÉ VER EN LOS ALREDEDORES

Carnicería

Chaussée d'Alsemberg 54

En la esquina de la Rue Adolphe Demeur, la carnicería, diseñada en 1963 por el arquitecto Élie Poupko, conserva su escaparate de fachada de paneles de esquito y aluminio. Dentro, la decoración también es de los años 60 e incluye un mural firmado "Marcon, 1954".

Visión bucólica desde la Chaussée de Waterloo

En un día despejado, se puede apreciar, en plena ciudad, a la altura del cruce de la Chaussée de Waterloo con las calles Rue de Savoie y Rue Saint-Bernard, una vista bucólica. A lo lejos, se distinguen la vegetación y los pastos de Dilbeek, situado a unos diez kilómetros, en la ribera opuesta del río Senne. Una superposición de imágenes que no hubiera disgustado a Magritte.

Cafetería Kamilou ⑳

Rue Fernand Bernier 15
Abierto de lunes a viernes, de 7.45 h a 18.00 h - www.kamilou.be

La parte baja de Saint-Gilles siempre guarda sorpresas. Aquí, la parte interior de una manzana de casas fue hábilmente transformada en una incubadora de empresas llamada Village partenaire. La arquitectura del lugar, obra de Pierre Blondel, merece el desvío. Las tres plantas del edificio están delimitadas por pasillos y las oficinas, con amplias ventanas y puertas de colores, están separadas por columnas de metal que soportan la estructura. En la planta baja, la café Kamilou tiene pinta de ser la cafetería perfecta. Propone una deliciosa y sencilla carta, con sabores del mundo y elaborada con productos biológicos y de comercio justo.

ASCENSOR "PATERNOSTER" DE LA SNCB

Llegando al último piso, el ascensor no se detiene

Avenue Fonsny 47B
Cómo llegar: Metro Gare du Midi

En medio de los arcanos del poder y la burocracia, ¡a veces la administración encierra tesoros ocultos! Es el caso de la sede de la Sociedad Nacional de los Ferrocarriles Belgas, donde es posible hacer un viaje vertical fuera de lo común...

En efecto, aquí subsiste un raro espécimen de ascensor "Paternoster", ascensor de movimiento perpetuo que no se para nunca, y, sobre todo, no lo hace en los pisos... El principio es simple: no hay puerta, no hay parada, basta simplemente con tomar el ascensor "al vuelo"... A la derecha para salir, a la izquierda para bajar. Teóricamente, la primera reacción es positiva: no hay necesidad de esperar largos minutos sin saber lo que ocurre algunos pisos más arriba. En la práctica, la experiencia puede ser un poco más chocante.

Si funciona lentamente, lo que es preferible, algunas personas se ven a veces desconcertadas por este modo de funcionamiento que tiene más de 100 años de antigüedad. Es cierto que a pesar de todo no hay que demorarse demasiado en meterse dentro cuando pasa por delante, ya que entonces se perderá el turno durante una vuelta entera. En el interior, un cartel tranquiliza (¿de verdad?) al usuario inquieto: "atravesar la buhardilla y la bodega no entraña peligro"...

De todas formas, no exageremos demasiado. Una vez pasada la sorpresa, todo se desarrolla bien. Sin embargo, por razones de seguridad, el lugar está prohibido para los niños y los discapacitados. El nombre del mítico ascensor (¡esperemos que la SNCB sabrá preservarlo!) proviene de la apariencia del sistema: el movimiento de las cabinas, suspendidas en dos cadenas movidas por poleas dentadas, evoca las decenas del rosario cuando se recita el Padrenuestro. Aunque hoy no se encuentra más que en algunas viejas instituciones, antes era muy corriente, ya que, con sus 15 cm/s, era más rápido que las escaleras mecánicas. En la actualidad, las cabinas del ascensor de Mitsubishi en Yokohama circulan a 45 km/h...

Durante la visita, hay que pedir al guarda que les deje descubrirlo.

QUÉ VER EN LOS ALREDEDORES

Baños::Conective

Rue Berthelot 34
Tel: 02 534 48 55
www.bains.be

(22)

Esta antigua piscina ha sido reconvertida en lugar de intercambios culturales y artísticos. En un concierto de música experimental, o de cualquier otro encuentro en la tercera fase, déjense maravillar por la piscina principal, pequeña joya del estilo *Art déco*.

MARIJKE SCHREURS GALLERY

Una casa burguesa atípica

Avenue Vax-Volxem 475
Cómo llegar: Tranvía número 52, parada Orban
Abierta de jueves a sábado de 15.00h a 18.00h durante las exposiciones, y con
cita previa en el 02 534 18 69

Marijke Schreurs, después de haber expuesto obras de arte contemporáneo en plena naturaleza cuando vivía en África, las galerías y los museos belgas le parecieron tan mezquinos y tan poco apropiados para el arte como se imaginaba. Así, se le ocurrió una idea más simple: ¿por qué no utilizar el espacio y el alma de su propia casa? Desde 1998, construye un espacio de exposición en el que uno se pasea, toma asiento, lee y se encuentra con gente conocida. Evidentemente el lugar nos remite a los salones franceses del siglo XIX, donde algunas mujeres de buena posición recibían a los artistas.

Ya sea durante una exposición (unas cinco cada año), durante una velada, una "cena de arte" o de un concierto, los artistas y los visitantes, acompañados de los animales domésticos de Marijke, que también están invitados, invaden la casa hasta sus más ocultos rincones, porque sólo está prohibido el acceso a las dos habitaciones infantiles. Cuando Marijke abre las puertas de su casa, las abre de verdad...

La pequeña cocina en el sótano, el jardín y la vidriera de la planta principal recuerdan que nos encontramos en una casa burguesa típica de Bruselas. Sin embargo, ciertos detalles están ahí para sugerir que no es en absoluto el caso... En la terraza, el artista Werner Reiterer ha colocado unos "pájaros" especialmente resistentes y sensibles: en cuanto una presencia se manifiesta, se ponen a cantar sin importar la época del año, gracias a paneles solares. Encima de una mesa de caballete del primer piso, en la habitación de la propietaria, una extraña forma humana realizada por Carina Dieppens con trozos de tela de sobretodo espera al visitante. Finalmente, en la bañera, un artista ha inscrito el nivel de satisfacción alcanzado por el desbordamiento total... Incluso fuera de las exposiciones, la casa no se encuentra nunca totalmente exenta del arte que la anima.

Un momento vigorizante que casi da ganas, nada más llegar a esta casa, de abrirla a los vientos del arte contemporáneo.

QUÉ VER EN LOS ALREDEDORES

Espacio Morphosis

Rue des Anciens-Étangs 55

Es sorprendente encontrar en este barrio de Bruselas, tan dejado de lado, un conjunto cuya restauración ha conservado las estructuras de los edificios industriales originales (de la Compañía Carbroux) inspirados en el *Art déco* (1934).

AUDI BRUSSELS

*Una fábrica de coches de más de 50 hectáreas
a 15 minutos del centro de la ciudad*

Boulevard de la Deuxième-Armée-Britannique 201
Cómo llegar: Tranvías números 18 y 52
Tel: 02 348 26 46
Visitas todos los días con cita previa

Probablemente, Bruselas es la única capital europea que posee una importante fábrica de coches a apenas quince minutos del centro de la ciudad. Se organizan visitas todos los días, reservando con antelación. Las visitas de la mañana están casi todas ocupadas por los grupos de niños, y las de la tarde (a las 18.00h) están, teóricamente, reservadas a los adultos. La fábrica, que ocupa más de 50 hectáreas, sorprenderá al neófito por las impresionantes medidas de los distintos edificios. Algunos tienen hasta 200 metros de largo y 60 metros de altura, como los talleres de pintado, que por razones de seguridad no se visitan.

Audi Brussels, que no olvida que tiene allí a potenciales clientes, comienza la visita con una corta película donde se alaban los méritos de la compañía y de sus diferentes modelos. Después sigue en dirección a la chapistería, inmensos hangares en los que se ensamblan, como su propio nombre indica, los distintos elementos de chapa embutida entregados por la fábrica central de Wolfsburg, en Alemania. Empieza el baile, se amontonan las carcasas de los vehículos, aún vacías, robots, puentes grúa y cadenas de montaje. Uno se sorprende a sí mismo observando la complejidad del camino que sigue el coche a través de la fábrica, dando vueltas, subiendo, girando sobre sí mismo para sufrir un tratamiento suplementario en los brazos descarnados de un autómata de última generación. Más del 90 % de la fábrica está robotizada: impresiona la escasa presencia humana. Sin embargo, emplea a más de 5.000 personas.

Una vez acabado el trabajo de chapistería, se pasa a los accesorios. En ese momento, el vehículo, todavía un esqueleto mecánico, recibe motor, ruedas, salpicadero y otros complementos indispensables antes de pasar una inspección final. De las puertas de la fábrica de Forest salen más de 1.000 coches al día. Un detalle anecdótico: el 40 % de la producción es de color gris metalizado.

A pesar del aparente tamaño del lugar, la fábrica tiene en la actualidad necesidades de espacio y su emplazamiento en medio de la ciudad le impide eventuales ampliaciones que resolverían los problemas de organización y de competitividad. De ahí que, hace unos años, Volkswagen tuviera intenciones de cerrar la fábrica. Pero en esos mismos años, Renault cerró las puertas de su sede de Vilvorde... Las protestas sociales del momento obligaron a los dirigentes a enterrar el proyecto.

CITÉ FOREST-VERT

*En la frontera entre el campo y la ciudad,
la ciudad Forest-Vert es un pequeño paraíso
para el paseante curioso*

*Alrededor de la Avenue de Fleron
Cómo llegar: Tranvías números 18 y 52*

El barrio situado entre las calles del Général-Dumonceau, de la Verrerie y de Fleron en Forest se compone de un conjunto de pequeños pasajes estrechos que parecen de pueblo, donde a veces la vegetación ha recuperado sus derechos sobre la ciudad. La ciudad de Forest-Vert, en la frontera entre el campo y la ciudad, es un pequeño paraíso para el paseante curioso que tenga ojo, ya que las entradas a este laberinto de calles y de placitas no están siempre visibles.

Está formado por dos manzanas de casas a ambos lados de la Rue de Fleron. El lado de los impares, más amplio, es más encantador y más asombroso. En total, no menos de 14 entradas permiten acceder a lo que los habitantes del barrio llaman la Planicie Central, un espacio verde soberbio, cubierto de césped y con cinco bancos a los que hay que llegar a pie. Qué delicia sentarse allí un momento, leer el periódico y mirar los niños del barrio que van de un camino al otro. Una mujer se asoma a una ventana, llamando a gritos a un hombre que sale de su jardín con su cortador de césped. Una madre pasea a su niño en el carrito. Ahora bien, cuidado por la noche, ya que una gente un poco distinta realizará probablemente otro tipo de actividades...

Las entradas están situadas a la izquierda de los números 51, 63, 69, 75 y 83 de la Rue du Général-Dumonceau, así como a la derecha del número 63 de la misma calle. Hay otras entradas en los dos lados del Square de Glasblazeriij (Rue de la Verrerie entre los números 42 y 94), a la izquierda del número 98 de la Rue de la Verrerie y del número 45 de la Avenue de Fleron, a la derecha de los números 25 y 37 de la Avenue de Fleron y de la Rue des Bonnes-Mères, en la esquina con el único edificio grande de la calle.

Al otro lado de la Rue de Fleron se encuentra el mismo tipo de conjunto de calles. Los accesos se sitúan a la izquierda del número 64 y a la derecha del 72 de la Rue de Fleron, a la izquierda del número 120 y a la derecha del número 128 de la Avenue de la Verrerie, enfrente del número 2-3 de la Avenue des Familles y en la esquina de la Rue de Fleron con la Avenue de la Verrerie, en el lado de los pares de ambas calles. Esta manzana es más pequeña y menos agradable que la anterior, ya que una buena parte de su espacio se halla ocupado por el anexo de la escuela des Tilleuls.

La cité Forest-Vert es una ciudad jardín construida en 1922 por el arquitecto Hanri Van Montfort. Fue destruida parcialmente en los años cincuenta con el fin de dejar sitio para viviendas sociales de varios pisos a este lado de la Rue de Fleron. A pesar de ello, con el tiempo, las casas con jardín de la ciudad se han convertido en residencias bastante codiciadas.

LAS VIDRIERAS
DEL AYUNTAMIENTO DE FOREST

Las vidrieras art déco más bonitas de la capital

Rue du Curé 2
Cómo llegar: Tranvías números 18 ó 52, parada Forest-Centre

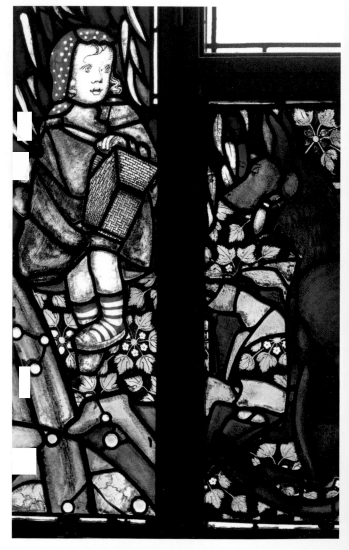

En frente de la abadía, el Ayuntamiento de Forest es un precioso edificio *art déco* construido en 1934 por Jean-Baptiste Dewin. Aunque la mayoría de los visitantes que vienen aquí se limitan a realizar sus trámites administrativos, el edificio merece una visita propiamente dicha para admirar la riqueza de su arquitectura y su decoración interior. La visita del edificio es sencilla y gratuita dado que el Ayuntamiento está abierto al público.

Nada más entrar por la plaza de la abadía, a la izquierda, en la Sala de los Pasos Perdidos, fíjense en las vidrieras realizadas en 1939 por el maestro vidriero Colpaert sobre diseños de Balthus. Suban la gran escalinata que tienen delante y verán otras vidrieras firmadas por los mismos artistas. Las diferentes salas, en un estilo *art déco* muy puro, también merecen una visita. Observen la riqueza de los materiales utilizados, maderas exóticas y mármoles que decoran el interior, así como unas esculturas de bronce de Minne y Verbeyst.

En el exterior podrán admirar un hermoso campanario que evoca la Edad Media, ornamentos que alaban las virtudes de la vida familiar y esculturas de Victor Rousseau.

QUÉ VER EN LOS ALREDEDORES
Cervecerías de l'Abbaye ㉘

En la Abadía de Forest. Entrada por la Chaussée de Bruxelles o por la Place-Saint-Denis
Tel: 02 332 11 19
Abierta todos los días excepto domingos y lunes por la noche

Una de las terrazas más hermosas de Bruselas, para comer o tomar algo cuando llega el buen tiempo. En medio del jardín de la abadía, los pájaros cantan, los árboles dan sombra a los que la necesitan, y hasta es posible tumbarse en la hierba para echarse una siesta después del café. Todo ello rodeados de los soberbios edificios de la abadía. Para que no falte de nada, el chef propone una buena relación calidad/precio. El servicio es bastante lento.

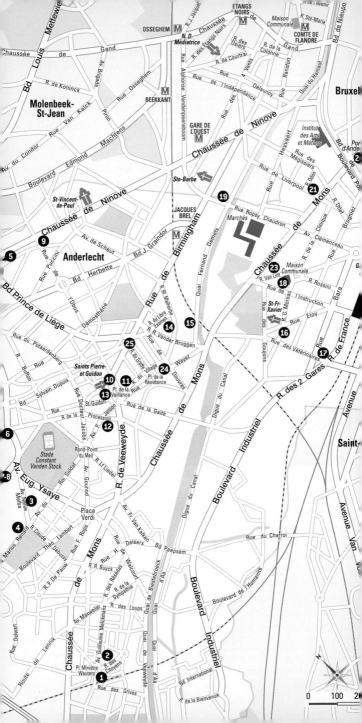

Anderlecht

CITÉ-JARDIN DE LA ROUE

Un experimento urbanístico para los obreros

Varias calles alrededor de la place du Ministre-Wauters
Cómo llegar: Metro Bizett

La ciudad jardín de la Roue (de la Rueda), es un bonito testimonio de los ensayos urbanísticos que se realizaron a principios del siglo XX, tanto por sus casas de estilo Art déco como por sus callejuelas, sus caminos y sus espacios verdes. Comenzó a construirse en 1920 sobre una superficie de 18 hectáreas según planos de los arquitectos Pompe, Meckmans, Joghers y Voets. Debe su nombre al de un albergue que en el siglo XVIII se hallaba situado en el cruce de la Chaussée de Mons y la de Lennick, enfrente de un molino de viento.

La ciudad correspondía a una cierta forma de emancipación de la clase obrera de la época, basada en las teorías de su cabeza visible, Louis Van der Swaelmen. Las 688 casas unifamiliares de la ciudad estaban organizadas con una misma estructura (una sala común, tres habitaciones y un jardín de 50 metros cuadrados), constituyendo un conjunto homogéneo de calles con nombres que evocan los temas de la lucha de clases de la época: Rues des Droits-de-l'Homme, de la Solidarité, des Plébéiens (de los Derechos del Hombre, de la Solidaridad, de los Plebeyos), etc.

Hay que comenzar el paseo por el número 10 de la Rue des Colombophiles, donde unas agradables huertas ofrecen una despejada vista sobre el canal. En la zona un poco más hacia el Sur hay numerosas callejuelas, a veces mal cuidadas, que sin embargo poseen un encanto innegable. Los accesos están a la izquierda del número 43 de la Avenue des Plébéiens y en la Avenue des Colombophiles, casi en la esquina de la Avenue des Plébéiens, justo antes del puente de la vía férrea.

Después de ésta, se abre un caminito justo a la izquierda del número 10 de la Rue de la Tranquillité. El nombre no le va mucho, pues hay un perro ladrador que puede obligarles a desistir de realizar esta parte del paseo. Al acabar el camino, se sale por el 28 de la Rue des Grives, justo delante de los edificios del CERIA. Finalmente, no muy lejos, en el número 21 de la Rue de la Solidarité, otra callejuela llega hasta el número 19 de la Rue Hoorickx. Hay otras, especialmente alrededor de la Plaine des Loisirs.

QUÉ VER EN LOS ALREDEDORES
Escuela de la Roue ②
Rue Van-Winghen 1

La escuela de la Roue, construida en 1938 sobre planos del arquitecto Henri Wildenblanck, es un bonito ejemplo de escuela de estilo Art déco, y una de las partes cautivadoras de la ciudad jardín de la Roue. El patio, que la mayoría de las veces se puede visitar si se solicita con antelación, posee una espléndida vidriera de F. Crickx que representa los juegos infantiles. Hay que fijarse también, a la derecha de la puerta de entrada, en un curioso cartel de 1960, que explica con elocuencia que la instrucción es obligatoria.

MUSÉE MAURICE CARÊME

Una viuda conmovedora

Avenue Nellie-Melba 14
Metro Veeweyde
Abierto únicamente con reserva previa en el 02 521 67 75 (Madame Jeannine
Burny)
Entrada: Gratuita

El carácter único de la visita del Museo Maurice Carême se debe a la personalidad de Jeannine Burny, presidenta de la Fundación Maurice Carême. Al ser preguntada sobre sus vínculos con el poeta, responde inmediatamente y sin falso pudor: "Maurice y yo nos hemos amado durante 35 años". Picados por la curiosidad, continuamos preguntándole si entonces ella es la señora Carême. Y Madame Burny, con una sonrisita torcida y una pizca de melancolía, dice, señalando un busto que está encima de un mueble: "No, la señora Carême era ella". La función ha comenzado.

La hora que pasarán con Madame Bunry se desarrollará todo el tiempo de la misma manera: compartirán la pasión que vivieron los dos amantes, emocionantes recuerdos personales y evocaciones de la vida y de las poesías de Maurice, como ella le llama. Una curiosa mezcla.

El museo está instalado en la "casa blanca" construida en 1933 a imagen de las casas antiguas del Brabante natal del poeta. Ocupada por el artista hasta su muerte, conserva muebles de época, chucherías y vajillas antiguas, así como retratos del poeta, pintados en su mayoría por grandes artistas amigos de Carême. Así, encontramos obras de De Boeck, Delvaux o Wolvens. La visita, guiada por la muy dinámica Madame Burny, que sube las escaleras de cuatro en cuatro, enseguida adopta un tono intimista, muy conmovedor.

Más allá de la vida del poeta, el museo tiene también un archivo, una biblioteca especializada en poesía del mundo entero, documentos sonoros y audiovisuales y manuscritos.

Maurice Carême

Maurice Carême, nacido en 1899, es uno de los mayores poetas belgas del siglo XX, conocido sobre todo por sus poesías para niños. La obra del poeta, honrada con, entre otros premios, el Gran Premio Internacional de Poesía de 1968, entregado por el general De Gaulle, reúne más de ochenta títulos, entre poemarios, cuentos, novelas, relatos, ensayos y traducciones. Se han publicado numerosas antologías de sus poemas, se le han dedicado ensayos, discos, películas. Más de doscientos músicos han puesto música a sus poemas, traducidos en todo el mundo. En 1975 creó la fundación que lleva su nombre, que a su muerte en 1978 se convirtió en un museo.

INSTITUTO REDOUTE - PEIFFER

El arte del jardín

Avenue Marius-Renard 1
Metro Veeweyde o tranvía número 56, parada Debussy
Tel: 02 523 00 55 (Monsieur De Turck)
Jornada de puertas abiertas el segundo fin de semana de mayo

Ados minutos del estadio de Anderlecht, el instituto Redouté es una escuela de horticultura muy poco conocida que ofrece unos magníficos jardines por los cuales es muy agradable deambular. Aunque en teoría hay que esperar a la jornada de puertas abiertas para visitarlos, a veces se puede entrar si se pide con amabilidad.

No dejen que les eche para atrás la hosquedad de la fachada que da a la calle. Todo ocurre detrás, en aproximadamente cuatro hectáreas. A la izquierda, varios invernaderos modernos que no pueden visitarse. A la derecha, varias parcelas, todas cultivadas, salvo la última, que se ha dejado abandonada. Así, el paseo transcurre principalmente por las tres primeras, que son espectaculares. Suma interés al lugar el que probablemente estarán solos durante su visita y tendrán todo el tiempo para gandulear tranquilamente por los senderos hermosamente diseñados, entre flores, arbustos y plantas aromáticas.

Fíjense especialmente en la famosa "rocaille", la rocalla de la que el instituto está tan orgulloso. Fue creada en los años sesenta por el arquitecto De Witte, alternando rocas, césped, cedros, rododendros, alerces y gingkos.

Hay que remontarse a 1913 para encontrar el origen de la escuela dedicada a los hijos de los hortelanos, aunque las primeras clases no empezaron a impartirse hasta 1922, en un edificio del Parc Astrid llamado La Laiterie (la Lechería). Los alumnos ponían en práctica lo que habían aprendido en un terreno de doce hectáreas situado en la avenida de Neerpede. Desde 1995, el instituto depende de la Comisión comunitaria francesa.

Pierre-Joseph Redouté

Redouté, nacido en 1759, fue uno de los pintores de flores más famosos del siglo XIX. En 1804 fue nombrado pintor de flores de la emperatriz, y en 1813 Josefina le encargó pintar la efímera belleza de las célebres rosas de la Malmaison, residencia privilegiada de la ex esposa de Napoleón Bonaparte. Ésta sigue siendo su obra más conocida. El pintor, condecorado con la Legión de Honor y nombrado caballero de la Orden de Leopoldo, murió en 1840.

Las cités-jardins

El movimiento de las ciudades jardín nació en Inglaterra a finales del siglo XIX, impulsado por Ebenezer Howard. En Bélgica, la primera ciudad jardín que vio la luz del día fue la del Winterslag, construida por Adrien Blomme en 1912. Sin embargo, en Bélgica el movimiento no se desarrolló hasta los años que van de 1918 a 1930, y lo hizo especialmente en la región de Bruselas. Después de la destrucción ocasionada por la Primera Guerra Mundial y ante la falta de unas 200.000 viviendas, se dio prioridad a las ciudades jardín. El ministro de trabajo, Joseph Wauters, declaró en 1920: "El objetivo ideal es el de dar una vivienda a cada uno, un hogar en un entorno especialmente atractivo rodeado de árboles, de luz, de vegetación". Así, las ciudades jardín no eran solamente una solución para el déficit de casas, sino también un medio de transformar la estructura social ofreciendo a los obreros un entorno de vida que favoreciera su emancipación. Con el impulso del urbanista y paisajista Louis Van der Swaelmen y de los arquitectos Eggerickx, Hoste, De Ligne, Hoeben, Rubbers o Pomme, se construyó en el extrarradio de Bruselas una corona de veinticinco ciudades jardín, así como numerosos conjuntos de parcelas inspirados por esta tendencia. En esta guía sólo citamos las más significativas, aunque no mencionaremos la Cité Floréal o la Cité Le Logis, demasiado conocidas.

Varios de estos conjuntos fueron promovidos por iniciativa de cooperativas de inquilinos, como las dos famosas ciudades jardín de Watermael-Boitsfort. Otras fueron realizadas por los ayuntamientos en el marco de proyectos de viviendas sociales.

Aunque la simplicidad y la economía fueron los grandes principios que rigieron la construcción de las ciudades jardín, éstas fueron también un interesante medio de experimentación técnica: partiendo de la limitación de un presupuesto reducido, los arquitectos tuvieron que dar pruebas de su imaginación para racionalizar el espacio de los interiores y el equipamiento de las viviendas, y para encontrar un compromiso entre alojamiento individual y espacio de convivencia.

Aunque hoy en día las ciudades jardín de Bruselas se han convertido en privilegiados lugares para vivir, no hay que olvidar que en su origen se hallaban muy alejadas del centro de la ciudad, con el que estaban muy mal conectadas. Hasta los años setenta, estos barrios no se integraron en un tejido urbano más extendido.

CITE-JARDIN DE MORTEBEEK

Aires del campo

Boulevard Shakespeare y calles en los alrededores
Cómo llegar: Tranvía número 46

La ciudad jardín de Mortebeeck, construida en 1922 en un barrio de la periferia de Anderlecht, es hoy un barrio agradable para vivir, aunque sigan faltándole algunos comercios. La ciudad, una sucesión de casas con jardín, se caracteriza por el color amarillo huevo de sus construcciones, lo que permite que se vean fácilmente sus límites.

Después de que Jean-François Hoeben ganara un concurso, su construcción se distribuyó entre siete arquitectos para evitar la monotonía: Hoeben para la Rue de l'Agronome, el principio de la Rue Sévigné, el final de la Rue Horace y la parte este de la Avenue Shakespeare; Bragard para la Rue Horace; Mouton para la Rue Virgile y el centro de la Avenue Shakespeare; Verlant y De Pape para la Rue Homère, la Rue de Lamartine y la Rue de Sévigné en dirección a "La Tourelle"; Diongre para la Rue Corneille y la parte oeste de la Avenue Shakespeare; y finalmente, Brunfaut (al arquitecto de la casa Hânnon en Saint-Gilles) para las calles Ronsard, Rabelais y Tolstoï, así como para el sur de la Avenue Shakespeare. Actualmente, estas 330 casas y 124 apartamentos, construidos según el mismo pliego de condiciones,

poseen la misma organización: un sótano que se limita a dos trasteros, una planta baja compuesta por una sala común mínima de 16 metros cuadrados, un lavadero, una cocina, un WC y un pasillo. Si la casa no tenía cuarto de baño, el lavadero debía incluir obligatoriamente una ducha y la cocina no podía ser demasiado grande.

La ciudad jardín de Mortebeeck se integró en la ciudad a partir de los años setenta.

QUÉ VER EN LOS ALREDEDORES
Cite Bon Air ⑥

Situada detrás del Ring y a lo largo de la Avenue d'Itterbeek, alrededor de la Place de la Croix-Rouge - Autobús número 46, parada Sibelius.

La ciudad Bon Air, diseñada por el arquitecto Voets, se construyó en varias etapas. La primera y más importante tuvo lugar en 1923 con la construcción de un grupo de 208 casas. El programa continuó en 1930 (122 casas), 1938 (36 casas), en los años 1945-1950 (40 casas) y en 1953 (33 casas). Inicialmente, fue edificada para realojar a las personas que habían tenido que abandonar sus residencias cuando se creó la Jonction Nord-Midi (un importante nudo ferroviario) en el centro de Bruselas.

LA GRUTA DE LOURDES

Bernadette y María al borde de la circunvalación

Rue de la Floraison
Cómo llegar: Autobús núm. 16, parada Pommier

La Rue de la Floraison, bordeada por un precioso camino flanqueado de tilos, formó parte de un proyecto del siglo XIX para construir una serie de rondas de circunvalación en Bruselas que nunca vio la luz. Hoy, es una calle sin salida y con vistas a la carretera de circunvalación, construida en 1978 unos cien metros más abajo.

En 1914, una iglesia dedicada a san Gerardo Mayela se construyó aquí para servir al barrio de Neerpede que no tenía su propia parroquia. La iglesia se reconstruyó en su forma actual en 1952 y, desde entonces, es una parroquia para personas de habla neerlandesa. En 1916, se construyó también una escuela gestionada por monjas que vivían en un edificio anexo.

La "gruta de Lourdes", situada en un pequeño claro un poco antes de estos edificios, data probablemente de esa época. La gruta artificial, con sus pequeños bancos delante, es una copia de la gruta original de Lourdes y conmemora la aparición de la Virgen María a la pequeña Bernadette Soubirous en 1858. La gruta es de factura deliciosamente torpe, y se puede ver la estructura de ladrillo bajo la gruesa capa de cemento. Las velas encendidas y su buen mantenimiento demuestran que la gruta sigue siendo objeto de devoción.

QUÉ VER EN LOS ALREDEDORE

Café-lechería In Den Appelboom (8)

Rue du Pommier 401.
Tel.: 02 520 73 03

Esta cervecería, que ocupa los muros de una cabaña típica de la zona del Brabante, existe desde 1860 como café-lechería y da al cañaveral de Neerpede. Está en pleno campo, y sin embargo está dentro de Anderlecht. El interior está decorado con fotos antiguas y antigüedades.

Anderlecht más allá de la carretera de circunvalación

Anderlecht es el único municipio de Bruselas que cruza la carretera de circunvalación oeste hacía las colinas de Pajottenland. Esta zona de unas 450 ha que limita con Leeuw-Saint-Pierre y con Dilbeek sigue siendo semirural. Es un enorme museo al aire libre que muestra cómo eran el norte y el oeste de la región de Bruselas antes de industrializarse y urbanizarse. Aquí, el paisaje urbanizado da paso al paisaje montañoso de Pajottenland, surcado por dos valles, el de Vogelenzangbeek al sur y el de Pede más al norte, alrededor del cual se encuentra el barrio de Neerpede. Salvo algunas excepciones, el paisaje es el mismo que encantó a Breughel en el siglo XVI. Curiosamente, pueden incluso ir en metro (línea 1B, parada Erasme). No olviden llevar calzado resistente o una bici.

MUSÉE DE CHINE

*Los misioneros enviaban desde China objetos
para formar a sus colegas*

*Chaussée de Ninove 584
Cómo llegar: Autobuses Farrêt Scheut y Mou Rarrêt Obus
Tel: 02 521 47 29
Abierto con cita previa de lunes a viernes de 14.30h a 17.30h
Entrada: Gratuita*

El Museo de China, instalado en el edificio moderno y sin encanto de la orden de los misioneros de Scheut, merece de todas formas una visita por la gran calidad de sus colecciones.

Debe su existencia a la orden de los misioneros de Scheut, que tenía como objetivo evangelizar China. La orden de Scheut, tal y como se la llama hoy en día, fue fundada en 1862 por el padre Théophile Verbist bajo el nombre de congregación misionera del Corazón Inmaculado de María. Debe su nombre actual al "Scheutveld", barrio de Anderlecht donde fue erigida la primera casa de la orden.

Antes de ser enviados a China, los misioneros recibían una iniciación a la cultura y a la lengua chinas, de acuerdo con las órdenes del fundador, para el que eran primordiales el conocimiento de la lengua, el respeto a la identidad y una cierta aculturación. Por eso insistía que cada misionero que residiera allí enviara objetos de proveniencia china, con el fin de permitir la formación de futuros misioneros. Ése es el origen de la colección.

El museo, dividido en cuatro secciones, "lengua y escritura", "vida cotidiana", "creencias religiosas y locales" y "evangelización", presenta objetos de una rara cualidad. Citaremos especialmente una excepcional colección de piezas chinas, de la que algunas datan del 2500 a.C. Fíjense también en la vitrina que describe el célebre tratamiento de los pies vendados que se infligía a las mujeres, quienes tenían que respetar un canon de belleza un tanto peculiar, así como varios modelos del calzado correspondientes. Enfrente, una excepcional bola de marfil, cuya virtuosidad técnica nos deja perplejos. Son también admirables las soberbias porcelanas y estatuas, como la de un hermoso Buda de bronce de 1457.

No dejen de ver tampoco la sala anexa del museo, donde se exhiben los retratos de más de 3.000 misioneros que han trabajado para la orden de Scheut. Impresionante.

CRIPTA Y TUMBA DE SAN GUIDO

Deslícese bajo el cenotafio del santo para obtener respuesta a sus plegarias…

Colegiata Saint-Pierre et Guidon
Place de la Vaillance
La colegiata abre todos los días de 9.30 h a 12.00 h y de 14.00 h a 16.30 h
(salvo los miércoles)
Para visitar la cripta, busque al sacristán, que tiene las llaves
Cómo llegar: Metro Saint-Guidon

La famosa colegiata gótica dedicada a san Pedro y a san Guido, que se alza en la Place de la Vaillance, fue durante mucho tiempo el centro neurálgico del municipio de Anderlecht y un fructífero lugar de peregrinación. Aunque la silueta del edificio es muy conocida por los vecinos, pocos saben que esconde una insólita cripta que se puede visitar. La escalera situada a la derecha del altar mayor les lleva de vuelta a la época romana de finales del siglo VI.

La cripta, bastante grande y cubierta por bóvedas semicirculares, está tenuemente iluminada por la luz que pasa por las ventanas pequeñas, detalle que lleva a algunos a creer que esto no fue originalmente una cripta, sino una antigua iglesia sobre la que se construyó la actual iglesia gótica. Observen que algunas columnas son de una sola pieza de piedra, monolitos, que proceden probablemente de un edificio más antiguo aún y que se han reutilizado aquí. Custodian una curiosa tumba, vacía, que, según la tradición, era la de san Guido.

Tiene una losa trapezoidal cuyos soportes crean un estrecho pasaje por el que los peregrinos se deslizaban para pedir al santo respuesta a sus plegarias (fíjense en el desgaste de las piedras en este punto). Si necesitan respuestas a sus plegarias, no duden en deslizarse también por este estrecho pasaje.

San Guido

Este hombre, que un día se convertiría en el santo patrón del municipio de Anderlecht, nació en Anderlecht hacia el año 950 en el seno de una familia campesina pobre. Se hizo famoso por sus milagros y por hacer una peregrinación a Tierra Santa.

Cuando murió el 12 de septiembre de 1012, la iglesia de Anderlecht no era más que una modesta capilla. Con el tiempo, la noticia de los milagros atribuidos al santo se propagó y los peregrinos, cada vez más numerosos, vinieron a implorar su ayuda contra la disentería (de la que el santo murió tras regresar de Jerusalén), contra las enfermedades contagiosas y contra las que diezmaron el ganado y los caballos. Vino tanta gente que la parroquia prosperó y se pudo construir una colegiata digna de las mayores diócesis. Dentro de la colegiata se pueden ver muchas representaciones del santo y de su vida, en las vidrieras de colores, los frescos o las esculturas.

RECORRIDO ARTÍSTICO POR EL CENTRO DE ANDERLECHT

"El paraíso está donde yo vivo"

Rue Porselein, Rue du Chapitre, Rue Saint-Guidon, Rue du Village
Cómo llegar: Metro Saint-Guidon

Alrededor de la iglesia Saint-Pierre y Saint-Guidon, es posible realizar un hermoso recorrido de pinturas murales y de poesías que organiza la asociación Hypothésarts. Para los que vengan al centro de Anderlecht a visitar la iglesia, el beguinaje o la casa de Erasmo, es una forma de prolongar un poco la visita de este barrio tan desconocido.

Hay que comenzar por la Rue du Chapitre, entre la iglesia y la casa de Erasmo, donde, en el número 16, se ha reproducido un texto de Voltaire encima de la fachada. El texto está decorado con la reproducción de una pintura de Klimt, y finaliza con una frase escogida con sensatez: "El paraíso está donde yo vivo". Frase que además es interesante relacionar con otra que se encuentra en el jardín filosófico de Erasmo: "La patria está donde uno se siente bien".

A la izquierda de la entrada de la casa de Erasmo, hay que tomar un pasaje que lleva a un pequeño parque. Hay que atravesarlo para llegar a la Rue du Village, donde, en el número 17, se encuentra otra fachada adornada con extractos del Bateau Ivre de Rimbaud y reproducciones de pinturas de Kandinsky.

Tomen la Rue du Village a la derecha, hacia la iglesia, para llegar a la Rue du Formanoir, que se convierte enseguida en Rue Edmond-Delcourt, donde los números 3 y 4 también han sido decorados. Un poco más lejos empieza la encantadora Rue Porselein que sorprende por su aspecto de pueblo. En los números 11, 13, 15, 17 y 34, les esperan textos y pinturas de Prévert, Maeterlinck, Miró o Chagall. Lo mismo en el número 29 de la Rue Saint-Guidon. Cuidado, hoy el recorrido está en bastante mal estado y a veces resulta difícilmente legible.

QUÉ VER EN LOS ALREDEDORES
Avenue Paul Janson ⑫
Bonitas fachadas en los números 6, 8, 12, 18, 22 y 24, enfrente de la salida del metro. Fíjense especialmente en la fachada Art nouveau del número 8 y los bellos azulejos del número 24.

Casa Vandenpeereboom ⑬
Place de la Vaillance 17
La actual Escuela de Bellas Artes, escondida tras sus altos muros, invita al paseante a que empuje sus puertas para disfrutar de un hermoso patio adoquinado y de un antiguo pozo fechado en el siglo XVI. La casa data de 1893, a pesar de la inscripción "1563" sobre la fachada, que simplemente recuerda la fecha de construcción de la casa que la precedió. Ésta fue derribada por Jules Vandenpeereboom, entonces ministro de los Ferrocarriles, Correos y Telégrafos, cuando compró el terreno en 1890 e hizo construir la casa actual.

COMUNIDAD DE LA POUDRIÈRE-EMMAÜS

Mezcla Social

Rue du Libre-Examen 15
Cómo llegar: Metro Aumâle
Tel: 02 523 80 45. Fax : 02 520 68 72
Ventas los lunes y viernes de 14.00h a 17.00h y los martes de 14.00h a 20.00h
www.lapoudriere.org

No lejos del canal y de la Place de la Vaillance, los bonitos edificios de la antigua cervecera Atlas han sido reutilizados por los "traperos de Emaús". Así, se puede acceder a este patrimonio industrial protegido, y al mismo tiempo, eventualmente, hacer un buen negocio.

El principio de Emaús es bien conocido: ayudar a las personas necesitadas vendiéndoles diferentes objetos de ocasión de la vida corriente a precios sin competencia. De esta manera, Emaús acepta donaciones de caridad, pero también organiza la recogida de objetos voluminosos a domicilio.

La construcción de estos edificios, comenzada en 1912 por iniciativa de las cerveceras Saint-Guidon, no terminará hasta 1926. Al principio se levantaron las salas de elaboración y de fermentación, así como las de guardia. Pero las caballerizas, los despachos y las salas de aclarado no se acabaron hasta 1924. Finalmente, en 1926 se añadió una torre de 30 metros de alto en un estilo Art déco que marca el paso a una nueva técnica de fabricación. En 1925, las cervezas Saint-Guidon se convirtieron en las cervezas Atlas, que desarrollaron allí una actividad de elaboración hasta 1952. En esta fecha, la elaboración pasó a la cervecera Haecht y los edificios solo sirvieron para almacenar las botellas y los botelleros. Estas actividades cesaron en 1980.

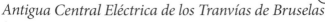

QUÉ VER EN LOS ALREDEDORES ⑮
Antigua Central Eléctrica de los Tranvías de Bruselas
Quai Demets 33

Actualmente, esta antigua central, construida en 1903 para la alimentación eléctrica de la red de tranvías, se utiliza por el servicio de las vías de la Stib (Sociedad de Transportes Intercomunitarios de Bruselas). La fábrica fue inaugurada por Leopoldo II, y es un hermoso ejemplo de arquitectura industrial. Hoy es posible pasear cerca de los antiguos edificios. Es innegable el encanto industrial del lugar, para quienes les gusten estas cosas.

HERMOSAS FACHADAS OLVIDADAS ⑯
DE LA AVENUE GEORGES-MOREAU

En la avenida, tengan cuidado de no caer
en los números equivocados

Números 148, 162, 164 y 170 de la Avenue Georges-Moreau
Cómo llegar: Metro Gare du Midi

La avenida Georges-Moreau presenta algunas bonitas fachadas fuera de las tradicionales vías de paso del barrio. Viniendo de la Escuela Veterinaria, la fachada del número 148 exhibe un esgrafiado en mal estado. Un poco más hacia la derecha, la antigua casa-taller de Victor Delplanque, fabricante de placas metálicas esmaltadas, fue construida por el arquitecto Arthur Nélissen en 1906. Posee una fachada adornada con preciosos azulejos, donde destacan los que representan un cisne y un pavo real. Una pequeña peculiaridad a tener en cuenta: los números inscritos en estas dos casitas gemelas son el 172 y el 174. Continuando a la derecha, les extrañará estar en el número 170 y en seguida ¡otra vez en el 172! Simplemente, la numeración de los edificios precedentes es falsa. Han sido renovados recientemente, y después de las obras, misteriosamente, el propietario ha hecho inscribir estos números equivocados. Los números verdaderos son el 162 y el 164. El cartero conoce el truco y los residentes no tienen problema para encontrar su correo.

Ciertamente, la casa más hermosa de la calle es la del número 170. Construida en 1808 por el arquitecto y experto geómetra Hector Gérard, mezcla influencias medievales, renacentistas y Art nouveau. Sobre todo, muestra en buen estado un bonito esgrafiado de autor desconocido. La casa, oda a la pintura, particularmente a la de algunos pintores flamencos, ha sido restaurada hace poco. Allí aparecen Van der Weyden, Jan van der Meeren, Memling y David, Blondeel, Lucas Van Leyden, así como Hubert y Jan Van Eyck. Rodeando el precioso mirador de madera del primer piso, el esgrafiado representa cuatro mujeres rodeadas de arabescos y de guirnaldas de flores.

ÚLTIMO TRAMO DEL SENNE A CIELO ABIERTO, ANTES DE QUE SE META BAJO TIERRA

Poco después, el Senne se mete bajo tierra para atravesar Bruselas

Rue des Vétérinaires
Cómo llegar: Gare du Midi

Al principio de la calle de los Vétérinaires, justo antes del puente de la vía férrea Bruselas-París, hay un solar donde se encuentran una gasolinera y un lavado de coches. Entre los dos, detrás del pequeño apartamento, sube un paseo de árboles hacia las vías del tren. Del lado derecho, bordeando el edificio de ladrillos, sale un pequeño sendero entre las malas hierbas y permite ver el último tramo a cielo abierto del Senne. El entorno cubierto de vegetación confunde, ya que el Senne está muy lejos de ser un río limpio, a pesar de algunos esfuerzos realizados recientemente. Río arriba, cerca de los establecimientos Viangros, se instaló en otoño de 2000 la depuradora de Bruselas Sur. Pero no basta, y la Rue Bollinckx, que ofrece una breve vista del río, permite darse cuenta de que, aunque éste aún no ha atravesado la ciudad de Bruselas, ya está muy contaminado. Por no hablar del estado del Senne después de atravesarla...

En Bruselas pueden encontrarse otras huellas del Senne: en dirección contraria, río arriba, el Museo de las Alcantarillas de Anderlecht tiene acceso a una vista del soterramiento del Senne. Todavía un poco más arriba, el restaurante La Grande Écluse da una idea de la antigua esclusa que permitía regular el nivel de las aguas del Senne en Bruselas. De hecho, se trata del primer soterramiento del Senne. Finalmente, todavía un poco más arriba, el 23 de la Rue Saint-Géry permite ver una recreación de uno de los brazos muertos del río.

QUÉ VER EN LOS ALREDEDORES :
Ayuntamiento de Anderlecht ⑱

Place du Conseil 1
Tel: 02 558 08 00

Demasiado a menudo se olvida la riqueza de la arquitectura y del patrimonio del Ayuntamiento de Anderlecht, para detenerse en sus meras funciones administrativas. Para visitarlo (gratuitamente), normalmente basta con pedirlo amablemente. Las otras soluciones son pedir que nos dejen asistir a las sesiones del Consejo (son públicas) o, siendo un poco más radicales, ¡casarnos allí!, ya que la Sala del Consejo hace también las funciones de sala de matrimonios.

El Ayuntamiento, inaugurado por el rey Leopoldo II en 1879 en presencia del alcalde Van Lint, fue construido en estilo neorrenacentista por el arquitecto Van Ysendijck y se enorgullece de tener un campanario de 48 metros de alto. Hay que visitar igualmente la Sala del Consejo por sus hermosas vidrieras y sus esculturas de Constantin Meunier.

ESCUELA DE HERREROS (IEPSCF) ⑲

*Aprender el oficio de herrero con cascos
de caballos sacrificados en Cureghem...*

Rue Léon Delacroix 28
Tel.: 02 410 26 73
www.ecoledemarechalerie.be
Fin de semana de puertas abiertas, normalmente el último fin de semana de abril
Cómo llegar: Metro Delacroix

El techo de metal ligero del mercado del matadero domina la ciudad de Cureghem desde 1888. Esta auténtica ciudad dentro de la ciudad influyó enormemente en la economía de esta parte de Anderlecht, desde las numerosas carnicerías y charcuterías, pasando por las curtidurías y marroquinerías, hasta la escuela de veterinaria, cuyos edificios abandonados siguen en pie no muy lejos.

Debido a esta industria local especializada, el ministerio de Agricultura decidió crear una escuela de herreros en 1931, a unas decenas de metros del matadero. Esta acertada decisión permitió que los estudiantes pudiesen practicar desde la primera mitad de sus estudios con los cascos de los caballos sacrificados... La fachada de la escuela que da a la calle, diseñada por el arquitecto A. J. Storrer, llama la atención por sus líneas de estilo *art déco*, elegantemente realzadas por unas *boiseries* pintadas de rojo, y por una serie de herramientas de herrería como herraduras, martillos y yunques.

El edificio se divide en dos escuelas, una para personas de habla neerlandesa y la otra para francófonos. En esta última, unos 150 estudiantes belgas, y también franceses (dada la especificidad de las técnicas de herrería, casi únicas, que se enseñan exclusivamente aquí), practican el delicado arte de herrar. Como es un oficio duro, peligroso y físicamente exigente, la mayoría de los alumnos son chicos, aunque hay muchas chicas entre los estudiantes.

Durante los tres años que dura la formación, los estudiantes tienen que aprender a hacer unos 30 tipos distintos de herradura, desde las más sencillas para caballos sanos hasta auténticas herraduras ortopédicas para caballos heridos o minusválidos. La enseñanza que se imparte aquí es esencialmente práctica, como así lo demuestra el aula principal –un gran taller con una decena de forjas–, completada con nociones teóricas de tecnología, anatomía, fisiología y patología del casco del caballo. Es evidente y comprensible que, teóricamente, no se permitan las visitas, pero siempre pueden pedir amablemente en la entrada que les dejen echar un vistazo al taller. Sin embargo, no se pierdan el fin de semana de Puertas Abiertas (normalmente el último fin de semana de abril), publicadas en la web, donde esta escuela poco común realiza visitas guiadas y demostraciones de herrería.

MUSÉE DES ÉGOUTS

Bajo los adoquines de Bruselas, 2 millones de ratas se comen un tercio de los desperdicios que circulan

Pavillon de l'Octroi-Porte d'Anderlecht
Tranvías números 18, 46 y 82, parada Porte-d'Anderlecht
Tel: 02 500 70 31
Abierto todos los miércoles no festivos a las 9.00h, 11.00h, 13.00h, 15.00h y con cita previa.
Entrada: 3 €

El Museo de las Alcantarillas, injustamente desconocido, propone cada semana una interesante visita guiada. Construido en tres niveles, propone salas históricas y técnicas, así como un acceso a la verdadera red de alcantarillado. Detalle particular, como las visitas son semanales, el resto del tiempo los guías trabajan en las instalaciones, así que tendrán delante de ustedes a verdaderos especialistas del trabajo in situ.

Históricamente, las alcantarillas se limitaban a una acequia central abierta, al aire libre, en la calle. De ahí la expresión "tenir le haut du pavé" ("ocupar una posición social elevada"), donde, por definición, no circulaban las aguas de las cloacas. Actualmente, la red de Bruselas se compone de 300 kilómetros de alcantarillas subterráneas, de millares de instalaciones conectadas que recogen las aguas residuales que salen, por ejemplo, de sus cocinas, y de 30 kilómetros de colectores. Más grande que una alcantarilla clásica, el colector, como su nombre indica, "colecta" las aguas de los diferentes conductos para llevarlos al exterior para el tratamiento final de los residuos.

La limpieza de estos colectores se hace por medio de unos vehículos construidos a la medida de los colectores. Uno de ellos está expuesto en la segunda sala.

Otros actores protagonistas de la limpieza de las alcantarillas son las ratas. Se contabilizan cerca de 2 millones bajo nuestros pies, ¡alrededor de dos por cada habitante de Bruselas! Ellas solas se comen un tercio del total de los desperdicios de las alcantarillas. Evidentemente, encontrarse cara a cara con un espécimen de 50 centímetros da un poco de asco, pero los casi 60 empleados de las instalaciones municipales están acostumbrados, y ya no se asustan. Es más, a diferencia de lo que se cree, las ratas no viven en las alcantarillas: sólo se sirven de ellas para desplazarse, la mayor parte del tiempo viven justo debajo de nuestros pies, en los recovecos de los sistemas de evacuación de nuestras aguas domésticas, o debajo de los trasteros.

La visita finaliza con un paseo en la red de verdad, la actual. Primero se visita uno de los brazos soterrados del Senne que fluye debajo del museo, y allí se pasa al colector de las alcantarillas de la Chaussée de Mons. De manera sorprendente, la red de alcantarillado está comunicada con el Senne que circula bajo nuestros pies. El río de Bruselas, cuyo paso por la capital se soterró en 1863, sirve de válvula de seguridad en caso de crecida. Si no se da el caso, las alcantarillas podrían llenarse de más los días de lluvia abundante, y asistiríamos al espectáculo del agua que, buscando un camino pasa salir, no encontraría más que el de las tapas de alcantarilla de las calles. Éstas responderían a la presión levantándose, para dar rienda suelta a un agua llena de inmundicias...

Aunque hoy en día algunos acarician la idea de redescubrir el Senne al aire libre durante una parte de su curso, lo que evidentemente no dejaría de tener su encanto, ello necesitaría algunos cambios importantes: limpiar el agua del Senne y construir, o encontrar otra salida para las alcantarillas en caso de crecida.

Un último detalle. Si conciertan una cita para la visita, sepan que en los mataderos de Cureghem matan a los animales los martes y los jueves. Estos dos días de la semana las aguas de las alcantarillas que están bajo el museo presentan una extraña coloración rojo sangre...

QUÉ VER EN LOS ALREDEDORES :

Escuela Número 8 *(fotografía a la derecha)* ㉑
Rue Cuylits 27

En un barrio marginal, la escuela número 8 situada entre las calles Odon y Cuylits en la Rue Cuylits ofrece una hermosa fachada decorada con esgrafiados. Éstos representan la mayor parte de las asignaturas que se imparten en la escuela: dibujo, historia, música, escritura, lectura, geometría, ciencias naturales (con una curiosa calavera), aritmética, geografía y gimnasia. Otros dos esgrafiados, muy bellos pero en peor estado, dibujan una mujer que coge a un niño de la mano. La escuela fue construida en 1897 con planos del arquitecto del Ayuntamiento E. S'Jonghers.

Antigua sede de la Seguridad Social ㉒
Square de l'Aviation 29
La sala de lectura del CEGES (Tel: 02 556 92 11) está abierta de lunes a viernes de 9.00h a 12.00h y de 13.00h a 17.00h

Aunque oficialmente no están permitidas las visitas de este bonito edificio Art déco, hay que presentarse en el CEGES (Centro de estudios y de documentación sobre la guerra y las sociedades contemporáneas), que tiene allí sus despachos. Su sala de lectura, abierta al público, está situada en el entresuelo y ofrece una vista ideal sobre la arquitectura estilo "Paquebote" (observen las formas redondeadas y las que evocan las bordas de los barcos) de la pieza donde se encuentran las taquillas, magníficamente conservada. La sala resguarda también una documentación impresionante sobre los períodos de tensión y de rupturas políticas, sociales, culturales o económicas del siglo XX. La cúpula de cristal que corona el edificio y la torre de los archivos, se visitan durante las Jornadas del Patrimonio.

MUSÉE NATIONAL DE LA RÉSISTANCE

Sufriendo

Rue Van Lint 14
Cómo llegar: Metro Clémenceau
Tel: 02 552 40 41
Abierto de lunes a viernes de 9.00h a 12.00h y de 13.00h a 16.00h
Los miércoles, con cita previa

El Museo de la Resistencia, desconocido, anticuado y muy poco lucido, sigue siendo un museo del que se sale en estado de shock. El museo ofrece una panorámica de la resistencia durante la Segunda Guerra Mundial en Bélgica. Sin embargo, destaca especialmente por la fuerza, incluso la violencia, de sus fotografías. De la serie de imágenes de prisioneros de campos de concentración, varias están en el límite de lo soportable. Como una en la que se ve un médico alemán que realiza un experimento médico sobre un prisionero, inyectándole con una jeringa diversos productos directamente en el cráneo. O las que tomaron los aliados en las cámaras de gas, montones de cuerpos raquíticos y golpeados. Igualmente, el museo muestra una historia muy realista de la Resistencia propiamente dicha, deteniéndose sobre algunas operaciones de sabotaje, tarjetas de identidad de los resistentes de la época, etc.

Probablemente estarán solos cuando visiten el museo. Aprovechen para pedir al conservador, Monsieur Bouchez, que les explique los hechos más sobresalientes de los objetos expuestos. Y tómense su tiempo para empaparse de la atmósfera intimista del lugar.

Un detalle anecdótico: el museo está instalado en una antigua imprenta.

EL JUZGADO DE PAZ

Bajo las hermosas bóvedas del Juzgado de Paz, todas las audiencias son públicas

Place de la Résistance 3
Cómo llegar: Metro Saint-Guidon
Acceso posible durante las alegaciones públicas: martes y jueves por la mañana, así como un lunes y un miércoles de cada dos a las 9.00h

El edificio del Juzgado de Paz, construido en 1893 según planos del arquitecto S' Jonghers se caracteriza por su estilo neorrenacentista. Aunque es muy conocido por los habitantes de Anderlecht, pocos residentes del barrio saben que puede visitarse o asistir a los juicios. Como Anderlecht adquirió una considerable importancia económica a finales del siglo XIX, fue designada en 1890 como cabeza de partido de los juzgados de paz. Desde entonces, todos los conflictos menores planteados en Anderlecht y en las comunidades vecinas (Garnd-Bigard, Zellik, Dilbeek, Itterbeek, Bodeghem-Saint-Martin y Berchem Sainte-Agathe) se juzgan en este edificio. En la fachada, sobre los dinteles de las ventanas del primer piso, aparecen representados los escudos de armas de estas municipalidades. En la sala de audiencias del primer piso se juzgan, los jueves por la mañana para el primer cantón y los martes por la mañana para el segundo, los asuntos civiles simples, referidos a los alquileres, las pensiones alimenticias, las primas de seguros o las facturas. Es una excelente manera de admirar esta sala tan hermosa, que presenta un hermoso techo sostenido por vigas de acero. Para aquellos a los que les gustaría aprovechar para ver cómo funciona una parte del sistema judicial, tendrían que asistir más bien a las audiencias de los casos más complicados y más interesantes. Éstas tienen lugar un miércoles de cada dos a las 9.00h para el primer cantón y un lunes de cada dos a las 9.00h para el segundo. Todas estas audiencias son públicas.

QUÉ VER EN LOS ALREDEDORES :

Casas del 26 al 32 de la rue du Greffe

Construidos en 1899-1900 por el arquitecto de Anderlecht E. Fouarge, que firma aquí su única realización importante, estos cuatro edificios son

un precioso conjunto de casas obreras unifamiliares de estilo *Art nouveau*. Fíjense especialmente en los medallones de terracota del número 26. Representan un búho que alza el vuelo y un gallo. Los motivos florales del número 28, así como sus balcones, también merecen una visita. En la esquina de la Rue de Greffe con la Rue du Village, destaca también un bajorrelieve, muy bonito, que representa el cuervo y el zorro de la fábula de La Fontaine (también escrita por Esopo y por Samaniego).

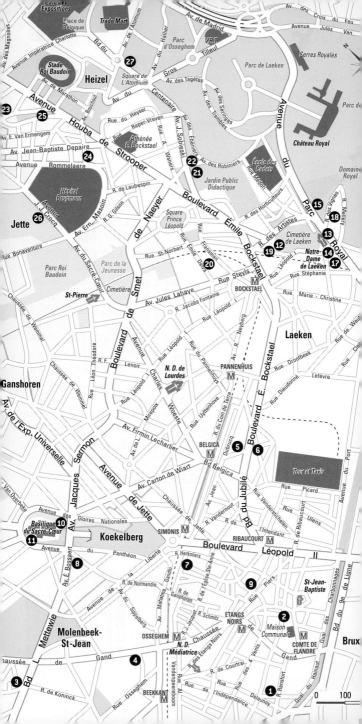

Molenbeek, Koekelberg, Laeken

MUSÉE BRUXELLOIS DE L'INDUSTRIE ET DU TRAVAIL

Molenbeek, centro de inmigración obrera

Rue de Ransfort 27
Cómo llegar: Metro Comte-de-Flandre
Entrada: 3/5 €
Abierto de martes a viernes de 10.00h a 17.00h, sábados y domingos de 14.00h a 17.00h, cerrado los lunes
Tel: 02 410 99 50 - www.lafonderie.be

El Museo de Bruselas de la Industria y del Trabajo debe su existencia a la dinámica asociación patrimonial de La Fonderie, que en 1983 compró los locales de la antigua Compañía del Bronce. Aunque dé la impresión de que el museo está cerrado, no den media vuelta. Empujen la reja y llamen al timbre de la casita de la izquierda que está nada más entrar.

El museo, que queda fuera de los circuitos turísticos, se ha convertido hoy en día en una especie de jardín lleno de un encanto romántico-industrial. Algunos edificios en ruinas, muy hermosos, permiten adivinar la actividad de épocas pasadas. Una estatua de Roosevelt, fundida allí, desafía el paso del tiempo a través de unas baldosas rotas. Quedan algunas máquinas entre las malas hierbas, como en un pequeño cementerio industrial silvestre. La exposición del momento (el tema cambia una vez al año) muestra la historia de Molenbeek a través de la evocación de la condición obrera de la época. La presencia y los bien informados comentarios del conservador enriquecen enormemente la visita.

Molenbeek, llamado en 1890 el Pequeño Manchester belga, acogió multitud de inmigrantes después de la construcción del canal de Charleroi en 1854: de Flandes, de Valonia, y también de Francia, de Italia, de España...

La Compañía del Bronce se creó allí en 1854. Estaba especializada en la fabricación de objetos de arte, de mobiliario en bronce, zinc y otros metales, produciendo igualmente elementos de calefacción, de iluminación de gas y de electricidad. A partir de 1870, la Compañía incluyó entre sus actividades la fundición de estatuas monumentales. Jef Lambeaux y Constantin Meunier, entre otros, usaron sus servicios. Así, se fundieron en Bruselas las puertas del Palacio de Justicia, los leones de la columna del Congreso, la estatua ecuestre del rey Alberto I en el Mont des Arts y de Leopoldo II en la Place du Trône, las estatuas el Petit Sablon o el Manneken Pis. La Compañía realizó también para el extranjero la reja del zoo de Nueva York, de 28 toneladas de peso.

Después de la Primera Guerra Mundial, los encargos se redujeron mucho hasta que la Compañía paralizó sus actividades en 1979.

QUÉ VER EN LOS ALREDEDORES :
Las 100.000 Camisas ②
Rue Comte-de-Flandre 38
Aunque estén en buena forma, no duden en empujar la puerta de "Las 100.000 Camisas", que es hoy un centro médico: el hermoso escaparate de esta antigua camisería esconde un mobiliario interior que se ha conservado en parte.

CITÉ DIONGRE / CITÉ SAULNIER ③

Un pintoresco conjunto de estilo rústico

Rue Joseph-Diongre
Place Leroy-Rue de Bruges
Cómo llegar: Metro Beekkant

La Cité Diongre, situada en el cruce del Boulevard Mettewie y de la Chaussée de Gand, fue construida en 1922 por Joseph Diongre, arquitecto titular del Ayuntamiento de Molenbeek. Diongre, nacido en 1878 y fallecido en 1963, es conocido sobre todo por haber realizado el Instituto Nacional de Radiodifusión, en Ixelles, y la iglesia de Saint-Jean Baptiste en Molenbeek.

La ciudad fue un encargo de la municipalidad, que quería responder a las destrucciones causadas por la Gran Guerra. Diongre creó un pintoresco conjunto de viviendas sociales, apartamentos o casas, en un estilo campestre muy armonioso. Destacan los bajorrelieves naïfs cerca de las puertas, que rinden homenaje a un deporte, una actividad, un planeta... Todo en un entorno de vegetación que contrasta con los inmensos edificios de alrededor. Sin embargo, la ciudad no se considera ya como una verdadera ciudad jardín: en 1930, una tempestad hizo desparecer muchos de los árboles que la rodeaban.

Al lado, la Cité Saulnier tiene también el aire de una ciudad jardín, pero con un estilo diferente, ya que los edificios conservan un aspecto uniforme, pero más gris y menos atractivo. Fíjense en el gran porche que da acceso al interior de una de las manzanas.

QUÉ VER EN LOS ALREDEDORES :
19-31 De la rue Jules-Delhaize ④

Bonito conjunto de casas obreras del arquitecto Vereecke. Presentan hermosos esgrafiados, en su mayoría torpemente restaurados. Fueron construidas en 1904 para alojar a los obreros de la fábrica de camisas Coster et Clément, situada en el centro de la manzana. Tienen un estilo que se podría calificar "de balneario". Su arquitecto se inspiró en las casas que había edificado antes en la costa belga, en Middelkerke. La empresa cesó sus actividades en 1946 y desde 1940, la General de Bancos tiene allí instalados sus servicios de imprenta.

HERMOSAS FACHADAS DE L'AVENUE JEAN-DUBRUCQ

Mosaicos y azulejos desconocidos

Números 23, 75 y 206 de la Avenue Jean-Dubrucq
Boulevard du Jubilé 157
Cómo llegar: Metros Belgica o Pannenhuis

La avenida Jean-Dubrucq, al margen de los circuitos turísticos, atraviesa un barrio actualmente desfavorecido, entre Molenbeek y Jette. Sin embargo, propone algunas fachadas preciosas, muy desconocidas. El número 23 ofrece soberbios azulejos de cerámica que representan una arquera en un bosque, unos pájaros... Un poco más lejos, en el número 75, la villa Cléo ofrece más azulejos Art nouveau, muy bonitos, que dibujan una cabeza de mujer. Un poco hacia el Este, la calle se hace más industrial y poco atractiva. Pero en el número 206 un edificio Art déco posee unos asombrosos mosaicos que representan una araña y unas mariposas.

Continuando un poco por la misma calle hacia Laeken, fíjense en el curioso velero utilizado como insignia, justo antes del puente. Éste ofrece una vista insólita del centro de Bruselas. En primer plano, sobresalen las huertas delante de la sede de Tour et Taxis y del barrio de negocios de la estación del Norte.

No lejos de allí, en el 157 del Boulevard du Jubilé, dos bellos mosaicos muestran a dos pavos reales abriendo la cola.

QUÉ VER EN LOS ALREDEDORES :

Antiguos almacenes Besse ⑥

Rue de l'Escaut 122

Este bonito edificio industrial, antiguo almacén de vinos de la sociedad Besse padre e hijo, fue construido en 1908 por el arquitecto J. Rau. Transformado por Jo Crépin en 1997, el espacio está hoy ocupado por las oficinas de la agencia de publicidad VVL BDDO. Algunas veces es posible entrar en el edificio para admirar los bonitos volúmenes y lo bien conseguida que está la restauración. Como excusa, puede decir que va a buscar información sobre la empresa original.

Escuelas de la rue Herkoliers ⑦

Números 35 y 68

La calle Herkoliers alberga dos escuelas de estilo Art nouveau realizadas por Henri Jacobs. El instituto O. Bossaert, en el número 35, se construyó en la misma época que la escuela municipal de la calle Josaphat en Schaerbeek (1907). La fachada tiene su encanto, con sus esgrafiados, sus cuidadas cornisas, sus balaustradas caladas y sus piedras esculpidas. Hoy, la escuela es la sede de varias asociaciones, como los "Ateliers Luna" (tel: 02 420 29 32), así que pueden aprovechar una de sus exposiciones para deslizarse hasta el patio y admirar el increíble fresco que recorre su perímetro, obra de Adolphe Crespin. Representa el mundo entero a través de diversos animales de cada continente.

La Gemeentenlijke Bassischool, en el número 68, es más moderna (1913).

AQUARIUM DE BRUXELLES - CENTRE D'AQUARIOLOGIE

Para sensibilizar a la gente, han metido desperdicios falsos en el fondo de un acuario

Avenue E.-Bossaert 27
Tel: 02 414 02 09
Entrada: 8 € (reducida: 5 €)
Visitas guiadas con cita previa - Abierto sábados y domingos de 10.00h a 18.00h, de martes a viernes de 12.00h a 18.00h (a partir de las 10.00h durante las vacaciones escolares) - Cerrado los festivos
Cómo llegar: Tranvía número 19 y autobús número 49
www.aquariologie.be

El acuario o centro de acuariología nació de la perseverancia de dos apasionados, Danièle Roose, antes profesora de instituto, y Pierre Demol, ex-criminólogo, quienes con este centro quisieron dar a conocer la naturaleza y así inculcar el respeto por ella. La visita comienza por… ¡los (muy) mal conocidos peces rojos! Acuarios "indígenas" reproducen la realidad del Mar del Norte y de sus costas belgas. Haciendo gala de su sentido del humor, Danièle y Pierre han metido allí desperdicios falsos para sensibilizar a la gente. También han aplicado consigo mismos la conciencia ecológica: la mayoría de las especies presentes no han sido capturadas de su medio natural, sino que son de criadero.

Así que no es aquí donde podrán admirar el gran tiburón blanco o especies genéticamente modificadas (aunque un panel informativo ilustra algunos de estos cruces con resultados a veces abominables).

Algunas especies particularmente notables se pueden encontrar aquí, como el perioftalmo, pez de agua salobre cuyas aletas pueden "transformarse" en patas; el "pez de cuatro ojos", cuyos ojos parecen duplicarse en la superficie del agua; magníficas ranas dendrobates fluorescentes; los extraordinarios erizos de mar, corales y anémonas del acuario de arrecife; el Astyanax fasciatus, pez ciego de las grutas de América Latina. Los visitantes son tratados con mimo. Cada decorado es diferente y ha sido concebido cuidadosamente según el origen de los peces, y respetando la armonía entre el suelo y las paredes. Unos escabeles pequeños, colocados

delante de cada vitrina, permiten a los más jóvenes disfrutar del paisaje acuático. Las especies aparecen claramente citadas y numerosos paneles explicativos contienen toda la información necesaria para completar conocimientos sobre el mundo acuático.

QUÉ VER EN LOS ALREDEDORES
Impasse des Combattants ⑨

En este barrio, alrededor de la Chaussée de Jette, se abrían muchos callejones sin salida, signo de una industrialización importante. El bonito callejón de los Combattants (antes llamado Impasse de l'Empereur), es uno de los pocos que quedan, muestra de aquella época. Las casas del patio del fondo, construidas en 1880, son idénticas: cada una cuenta con cuatro piezas y una buhardilla.

LOS SÓTANOS DE LA BASÍLICA DEL SACRÉ CŒUR

Espeleólogos en la basílica

Atrio de la basílica 1
Cómo llegar: Metro Simonis o tranvía número 19
Abierto todos los días de 8.00h a 18.00h (17.00h en invierno)
ASBL Groupe Spéléo Redan: 02 414 45 59
www.gs-redan.net
Espeleología todos los domingos impares del mes
Alquiler de las salas: 02 425 88 22
Biblioteca abierta los domingos de 9.45h a 11.30h y de 16.00h a 17.00h
Vestuario parroquial abierto los jueves de 14.00h a 15.30h
Misas todos los días a las 9.00h en la pequeña capilla (puerta 1)

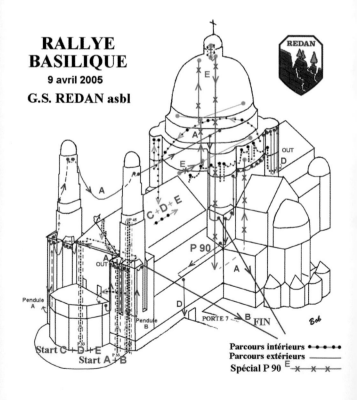

El subsuelo de la basílica de Koekelberg, la quinta iglesia más grande del mundo (después de San Pedro de Roma, Nuestra Señora de la Paz en Yamoussoukro, en Costa de Marfil, San Pablo en Londres y Santa María de Florencia), esconden un mundo insospechado: salas de teatro y de reuniones, un bar, locales de los scouts, despachos, una lavandería, una biblioteca, un vestuario, el secretariado del decanato (donde se reservan las misas), un club de bridge, una emisora de radio libre católica, pero también y sobre todo ¡un club de espeleología surrealista!

La Asociación Grupo de Espeleología Redan (entrada puerta 7) se encuentra en una sala originalmente dedicada al carbón para la calefacción, detrás de una pesada puerta de metal. Detrás de la puerta, la sorpresa es grande: los espeleólogos no dudan en utilizar los antiguos conductos de canalización o estrechas escaleras de servicio, e incluso la chimenea de un metro justo de diámetro para escalar 30 metros más arriba, como los ratones en un gruyère. La asociación se reúne aquí todos los lunes impares del mes, y cada tres años se organiza un gran rally: se lleva a cabo en la basílica entera, por dentro y por fuera.

Además de estas manifestaciones, los espeleólogos ofrecen con mucho gusto su ayuda y su buen hacer durante los trabajos de restauración, cuando éstos se localizan en lugares especialmente inaccesibles.

En los días normales, para descubrir los sótanos, la mejor manera es ir a la misa que se celebra en la pequeña capilla subterránea, puerta 1.

QUÉ VER EN LOS ALREDEDORES :

Espacio Museístico De Las Hermanas Negras ⑪

Abierto en verano los miércoles de 14.00h a 16.00h y con reserva llamando al 02 425 88 22

Este museo, del tamaño de una habitación, situado en el primer piso de la basílica de Koekelberg, alberga una colección de cubiertos, utensilios de cocina, porcelanas, reliquias, encajes, joyas, cetros, cuadros y muebles que proviene de la clausura de las Hermanas Negras en Bruselas. Durante la Revolución Francesa, éstas fueron au-torizadas a conservar su tesoro como agradecimiento por la ayuda que habían prestado a los enfermos de la peste. El convento, que databa del siglo XIV, cerró en 1998 debido al escaso número de hermanas que lo ocupaban, y desde entonces es una residencia de ancianos. Una visita a un lugar estancado en el tiempo.

CEMENTERIO DE LAEKEN

*El cementerio más antiguo de Bruselas
es de un romanticismo innegable*

Atrio Notre–Dame-de-Laeken
Cómo llegar: Tranvías números 81 ó 94, parada Royauté
Abierto de martes a domingo y días festivos de 8.30h a 16.30h

El cementerio más antiguo de Bruselas, creado en el siglo XVII, atrajo rápidamente a la aristocracia y a la burguesía gracias a la presencia de la sepultura de la primera reina de los belgas.

Es de un romanticismo innegable, con sus grandes árboles y su iglesia del siglo XIII destruida en parte. El cementerio está salpicado de varios tipos de arquitecturas funerarias y de importantes esculturas, como el primer ejemplar del Pensador de Rodin, que está sobre la tumba del crítico de arte Josef Dillen, cerca de la entrada vieja. Numerosas personalidades están enterradas allí, como Fernand Khnopff, Josef Poelaert, la Malibrán, una famosísima cantante, Belliard, Bockstael o Delhaize.

Circulan algunas leyendas sobre el origen del cementerio: la Virgen hizo destruir tres veces la iglesia hasta que se decidió al fin orientarla hacia el Sur. Otro rumor afirma que durante el solsticio de verano, los rayos del sol dibujan un corazón en el interior del templete de Léonce Evrard (Avenida grande, concesión 1825)...

En 1857, después del crecimiento de la población, Emile Bockstael propuso instalar galerías funerarias. Sobre 1,5 hectáreas, se han construido unos nichos en grandes muros subterráneos para introducir los ataúdes en horizontal. Aunque está prohibido entrar en las galerías antiguas, porque están en mal estado, la parte más reciente, abierta al público, da una idea ligeramente escalofriante. Diríjanse hacia el fondo del cementerio para llegar hasta la imponente entrada, que data de 1932. Cojan la escalera que lleva al subsuelo. Una de las galerías se prolonga hasta el centro del cementerio. Su acceso está cerrado con una reja, pero puede apreciarse la extensión de la red de galerías y sentir su atmósfera solemne y eterna.

QUÉ VER EN LOS ALREDEDORES

Iglesia Notre-Dame De Laeken ⑬

Atrio Notre-Dame

Aunque la silueta de la iglesia, en conjunto, recuerda el estilo gótico, los elementos decorativos son sorprendes: los capiteles, los pináculos, las agujas y los dentículos se han sustituido por bloques de piedra sin esculpir, cúbicos o poligonales. Algunos ven en ellos la visión genial del primer arquitecto, Poelaert, que abandonó este trabajo para consagrarse al Palacio de Justicia. Otros piensan más bien en los avatares de una obra que vio turnarse a varios arquitectos entre 1854 y 1907.

QUÉ VER EN LOS ALREDEDORES:

Art déco y retratos de la realeza en la cervecería (14)
Le Royal

Atrio Notre-Dame de Laeken 11

Esta antigua panadería de estilo *art déco* alberga una encantadora cervecería que combina armoniosamente con la cripta real. Sus paredes están llenas de retratos de la realeza; algunos son muy convencionales, mientras que otros son únicos como el del príncipe Balduino de *boy scout*. La decoración, acogedora, está ingeniosamente hecha con paneles de madera de camas *art déco* recuperadas. Los precios son muy democráticos a pesar del ambiente claramente monárquico.

Memorial de la Reina Astrid ⑮

Square du 21 juillet

La reina Astrid, "dulce soberana siempre amada por el pueblo belga", esposa del rey Leopoldo, murió en 1935 en un accidente de coche. Su brutal desaparición hizo de ella un mito. En 1935, René Pechère transformó el Square du 21 juillet para que acogiera el monumento en recuerdo de la reina. La plaza debe a Pechère su aspecto un poco solemne, con su majestuosa doble avenida de árboles que lleva a la columnata y a la estatua de la soberana, obra de Jan Boedts.

Pasaje Chambon ⑯

En el cruce de la Avenue de la Reine con las vías del ferrocarril, este pequeño pasaje que no está en todos los planos de la ciudad, posee un encanto innegable, a pesar de lo mal conservado que está. Se encuentra bajo el puente construido por el arquitecto A. Chambon en 1902 y permite el paso de los peatones de la avenida de la Reine por debajo de las vías, hacia la rue Stiernet. Con farolas de hierro forjado, rosetones en el techo, jarrones y barandillas de piedra azul, se ha cuidado especialmente el acabado de la calle.

Cripta real ⑰

Iglesia Notre-Dame de Laeken
Atrio de Notre-Dame de Laeken
Abierta todos los domingos de 14.00 a 17.00 h

Es en la Cripta Real donde todos los reyes belgas y sus esposas, así como algunos miembros de la familia real belga están, y serán, enterrados. Desconocido por muchos belgas, el lugar es a la vez solemne, sobrio y bastante lúgubre.

Rue Mellery y rue des Vignes ⑱

Estas dos calles que bordean el Palacio Real son un vestigio del Laeken pueblo. Son también una muestra del apetito expansionista de la casa real. En efecto, al observar los muros del parque, se ve que se van transformando a lo largo del recorrido: a medida que el parque se iba ampliando, los muros de las antiguas propiedades eran integradas en el muro de la posesión.

ANTIGUO TALLER ERNEST SALU

Tres generaciones de escultores funerarios

En la entrada del cementerio de Laeken, Atrio Notre-Dame
Visitas con cita previa: Monsieur Celis, Épitaphe ASBL: 02 553 16 41
Cómo llegar: Tranvías números 81 ó 94, parada Royauté

El antiguo taller Salu, mantenido por los miembros de Épitaphe, asociación de arqueología funeraria, es un lugar extraño. Desde 1876 hasta 1983, fue gestionado por tres generaciones de escultores que llevaban el mismo nombre: Ernest.

Ernest Salu, el "fundador", diplomado de la Real Academia de Bruselas, se especializó poco a poco en la construcción de monumentos funerarios. En 1881, él mismo dibujó los planos de los talleres y de la casa adyacente y estratégicamente se instaló en la entrada del cementerio de Laeken. Por supuesto, en él se encuentran muchas de sus creaciones. El nieto del fundador reorientó la empresa hacia la restauración, en una época en la que disminuyó enormemente el interés por los monumentos funerarios.

La entrada actual da acceso al jardín de invierno, que data de 1913. Muy bien conservado, su función original salta a la vista: la iluminación cenital y los espejos muestran todo el esplendor de las esculturas expuestas. El taller de modelado, donde se trabaja la arcilla y la escayola, es especialmente emocionante, como si el lugar no hubiera cambiado desde que lo abandonaron. Hasta el polvo es bienvenido, porque le quita del todo el aspecto de museo.

Los otros espacios rebosan de esculturas funerarias, de sorprendentes "bozetti" (estudios que representan la tumba a pequeña escala"), de modelos de pies y de manos y de escayolas. Encontramos también un busto de Ernest Salu I, así como un gran número de documentos, dibujos y fotografías vinculadas al arte funerario.

En el primer piso, los grandes ventanales dan al cementerio y el monumento funerario de los Salu, colocado en este lugar a propósito. De hecho, es más bien un cenotafio, porque nadie está enterrado allí...

QUÉ VER EN LOS ALREDEDORES :

"Museo" de la Farola [20]

Rue Delva, entre la Rue Mabille y la Rue Fineau

Dieciséis farolas de épocas diferentes (aparecen indicadas la fecha y el origen de cada una de ellas) están colocadas de manera cronológica delante del Foyer Laekenois (una sociedad inmobiliaria de servicio público, que depende de la región de Bruselas). Con su presencia, trazan la historia de la iluminación pública en Bruselas: la ciudad fue la primera del continente que se dotó de iluminación urbana. Sin embargo, este patrimonio no ha sido preservado, y no es habitual ver las piezas que se han reunido aquí. Éstas permiten apreciar no sólo la evolución de los estilos, sino también la de las técnicas, desde la iluminación de gas hasta la electricidad. El proyecto se enmarca en un plan de integración de obras de arte en las viviendas sociales.

JARDINES DU FLEURISTE

Centro de Bruselas para las artes y las técnicas del jardín

Antigua propiedad de Leopoldo II

Rue Médori, avenue des Robiniers y rue des Horticulteurs
Entrada por el parque Sobieski, Avenue Sobieski
Cómo llegar: Metro Stuyvenberg
www.jardinsdufleuriste.be
Información: Instituto de Bruselas para la gestión del medio ambiente (IBGE)
02 775 75 11

Más allá de los parques Sobieski y Colonial, que sufren la cercanía de los coches, se descubre con embeleso un jardín aislado que ofrece un hermoso panorama de Bruselas.Este parque público, muy nuevo, tiene la vocación de "hacer que las artes y las técnicas del jardín resplandezcan". Con mucho ingenio, reúne jardines de recreo, espacios didácticos y actividades culturales en un lugar cargado de historia. El terreno está constituido por dos partes separadas por un fuerte desnivel. En la parte de abajo pueden verse invernaderos, cuyo antiguo esplendor puede imaginarse. A día de hoy, aún no se ha decidido para qué van a utilizarse. Arriba, en la parte principal se encuentran los parterres, varios jardines que ofrecen diversos recorridos temáticos que ilustran sobre algunas de las facetas del arte de los jardines. El eje central se prolonga visualmente hacia el centro de Bruselas. La filosofía subyacente del proyecto es la del desarrollo sostenible: en las 4 hectáreas aparece representada una gran diversidad de plantas, varias técnicas de jardinería ecológica, especies propias de cada periodo del año o poco conocidas. En otro tiempo, el lugar pertenecía a Leopoldo II (los terrenos estaban unidos a su propiedad de Stuyvenberg) y formaba, con el parque Sobieski y el parque Colonial, una zona dedicada a la horticultura, a los árboles frutales del rey y a la aclimatación de plantas del Congo. Los trabajos de acondicionamiento de los "Jardines e Invernaderos del Fleuriste" finalizaron en 1900. En los años cincuenta, cuando los terrenos se transformaron en parque público, las 4 hectáreas de los jardines actuales no estaban incluidas y poco a poco cayeron en el olvido hasta que renacieron en el 2005.

FONDATION MÉDICALE REINE ELISABETH

¡Miren y ya se sentirán mejor!

Avenue J. J. Crocq 1-3
Abierto entre semana en horario de oficina
www.fmre-gske.be
Cómo llegar: Autobús núm. 53 o 54, parada Crocq

La Fondation Médicale Reine Elisabeth, inicialmente un lugar de investigaciones científicas, forma parte del complejo hospitalario Brugmann diseñado por Victor Horta a partir de 1912. Desde entonces, el complejo ha cambiado mucho con la añadidura de edificios modernos.

Con sus numerosos laboratorios, la fundación estaba destinada a fortalecer los lazos entre los investigadores y los médicos dentro del amplio hospital. Poco se sabe sobre este edificio de gran originalidad diseñado por Henri Lacoste en 1926, uno de los arquitectos más importantes del estilo *art déco* en Bélgica. La arquitectura de este edificio público da un significado nuevo y único al término "Los locos años 20". De hecho, pocos fueron los artistas capaces de hacer realidad sus sueños de un modo tan poético, sobre todo tratándose de un hospital laboratorio. Las largas fachadas de ladrillo rojo oscuro con sus destacadas cerámicas cónicas de colores desprenden fantasía. Sin embargo solo ofrecen un indicio de la magia que alberga en su interior, donde Lacoste explotó todas las posibilidades de un material por aquel entonces muy nuevo: el *marbrite*. Este cristal de color y opaco, resultado de una técnica desarrollada en Hainaut, hizo furor durante el periodo de entreguerras antes de desaparecer por completo. Como su nombre indica, el objetivo de este material era imitar el mármol, en tonalidades infinitamente más ricas, a un precio notablemente más barato. Lacoste llenó de rayas las columnas luminosas y los muros, cuyo dibujo se funde hábilmente con el de las vidrieras de colores. En la primera planta, la entrada de la biblioteca va un paso por delante con su marbrite rosa y negro, jugando, sin embargo, con proporciones clásicas.

La rampa de terrazo[1] rojo, con sus formas pesadas, consolida la composición general del vestíbulo. Contrariamente a las salas asépticas de los hospitales recubiertas de materiales fríos, la biblioteca de la primera planta ofrece un ambiente acogedor. Aunque durante la semana se puede entrar libremente al vestíbulo y a las zonas aledañas, pidan permiso amablemente para echar un vistazo.

1 El terrazo, muy típico también del periodo de entreguerras, se compone de guijarros de mármol de varios colores conglomerados con cemento.

TEATRO AL AIRE LIBRE Y PARC D'OSSEGHEM

Los vestigios de las dos Exposiciones Universales de Bruselas de 1935 y 1958

Boulevard du Centenaire, Avenue de l'Atomium.
Cómo llegar: Metro y tranvías números 23 y 81, parada Haysel

El parque de Osseghem, poco frecuentado actualmente, tiene sin embargo una encantadora apariencia salvaje repartida en varios niveles. También alberga vestigios de las dos Exposiciones Universales (1935 y 1958), como el magnífico teatro al aire libre, salvado in extremis.

El parque, construido en una antigua cantera de arena con ocasión de la Exposición Universal de 1935, fue diseñado por Jules Buyssens como un parque boscoso a la inglesa. Una hermosa avenida de cuatro filas de hayas púrpura podadas en forma de cilindro parte de la plaza Louis-Steens (en el cruce del Boulevard du Centenaire y de la Avenue du Gros-Tilleull). En el centro del parque subsisten dos pasarelas, una de 1935 y la otra de 1958. En el extremo norte se yergue el monumento de las canteras de granito belga, que data de 1935.

En la parte boscosa, en los alrededores del Atomium, cerca del largo y tortuoso estanque, hay un árbol poéticamente dedicado al arquitecto-paisajista. Aventurándose más profundamente en el bosque, se descubre un teatro al aire libre diseñado como un hemiciclo y formado por terrazas sucesivas. También es obra de Jules Buyssens (1935). Gravilla, muretes de piedra y setos de aligustre dorado se funden armoniosamente con el decorado natural y crean un asombroso contraste con las gigantescas y orgullosas bolas del Atomium, tan próximas. Dos épocas, dos exposiciones y dos estéticas que se confrontan una a la otra. El teatro, con una acústica muy buena, se usó muy a menudo durante las Exposiciones (comedias en 1935, fanfarrias y orquestas en 1958) y podía acoger hasta 3.000 espectadores. Después cayó en el olvido y hubo que esperar hasta 1977 para que la ciudad de Bruselas recuperara el lugar y lo declarara monumento histórico. Actualmente, todos pueden disfrutar de la magia intimista del teatro durante los diversos festivales que se celebran allí en los meses de verano.

No dejen de admirar, a lo largo de la avenida del Atomium, el domo truncado recubierto de tejas blancas del antiguo pabellón de la factoría textil de Courtrai, uno de los pocos pabellones que quedan de la segunda exposición. Construido por Guy Bontinck, albergaba una exposición sobre los tejidos desde el periodo galorromano. Hoy, reconvertido en restaurante, ofrece su extraño aspecto futurista a todas las miradas.

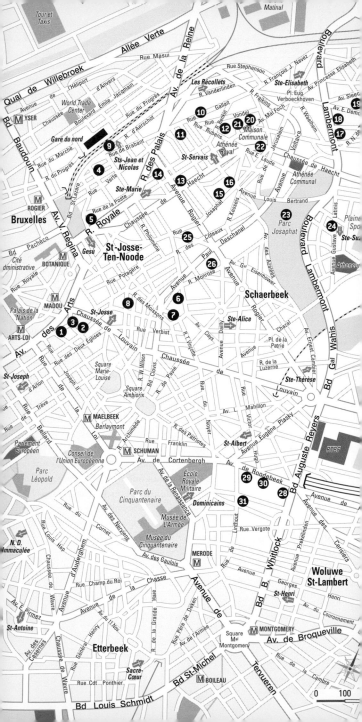

Saint-Josse-ten-Noode, Schaerbeek

IGLESIA SAINTE-JULIENNE

①

Una iglesia olvidada

Rue de la Charité 41
Cómo llegar: Metro Madou

La iglesia de Sainte-Julienne es un hermoso edificio de estilo neogótico invisible desde la calle. Al pasar por la calle de la Charité, el número 41 no es más que un banal edificio de alquiler, que aparentemente forma parte de los despachos de Cáritas, a los que se entra por el número 43. Nada permite adivinar la existencia de una de las iglesias más bellas de Bruselas. Hay que dar la vuelta por el número 2 de la Rue du Marteau, de donde, si el portal está abierto, se puede atisbar parte de la iglesia y un trozo del antiguo convento de la congregación de las religiosas de Santa Juliana. La iglesia, construida entre 1883 y 1886, es un precioso ejemplo de arquitectura neogótica, y está decorada con pinturas murales que ilustran los episodios principales de la vida de Santa Juliana. Desgraciadamente, no se puede acceder al interior de la iglesia después de que la región de Bruselas capital la comprara y restaurara. A día de hoy, aún no se conoce su nueva función. Hace poco, todavía se podía asistir a las raras misas celebradas según el antiguo rito romano.

Sainte Julienne y el Corpus Christi

Santa Juliana, nacida en 1192 cerca de Lieja, tuvo a los 18 años una revelación que cambió su vida; Dios la encargó que estableciera en la Iglesia la fiesta del Santo Sacramento, o del Corpus Christi. Durante 20 años, pensó que era indigna de esta misión. Convertida en superiora de la Abadía de Cornillon, tuvo otra revelación, en la que se le ordenaba claramente que actuara sin más dilación. Finalmente, después de innumerables dificultades, la primera fiesta del Corpus Christi se celebró en Lieja en 1247, antes de convertirse en una fiesta católica oficial en 1264. La fiesta del Corpus Christi, o del Santísimo Sacramento (llamada también Fête-Dieu, "Fiesta de Dios", en algunos países), que se celebra el primer jueves después de Pentecostés, festeja el agradecimiento a Dios por haber ofrecido a los hombres el símbolo de la eucaristía y de la hostia como cuerpo de Cristo.

QUÉ VER EN LOS ALREDEDORES
Rue du Vallon 22-30 ②

Hermosos esgrafiados, poco conocidos y en mal estado. Sólo los del número 30 se hallan en un estado más o menos pasable.

LOS CONCIERTOS
DEL MUSÉE CHARLIER

Conciertos de música clásica a la luz de las velas

Avenue des Arts 16
Cómo llegar: Metro Madou
Tel: 02 218 53 82 - 02 220 26 90 - www.charliermuseum.be
Abierto de martes a viernes de 12.00h a 17.00h
Entrada: 5 €
Visitas guiadas con cita previa (02 220 28 19) para grupos de máximo
15 personas o los lunes de 12.30h a 13.30h

El museo Charlier es un museo íntimo, animado gracias al gran entusiasmo de su actual conservadora, Francine Delépine. Delépine ha sabido conservar el espíritu de ayuda mutua de sus fundadores y aún organiza numerosos eventos de tipo social. Madame Delépine ha tomado también la feliz iniciativa de organizar regularmente conciertos de música clásica de muy buena calidad, verdaderos momentos de felicidad y de armonía, sobre todo cuando la velada tiene lugar a la luz de las velas.

El museo propiamente dicho está instalado en una hermosa casona del siglo XIX que fue la residencia del amante del arte y mecenas bruselense Henri Van Cutsem. En 1890, para exponer sus colecciones, hizo acondicionar su residencia personal por el joven arquitecto Victor Horta. Sin embargo, en la casa quedan pocas huellas del estilo Art nouveau, ya que Horta no era todavía el gran maestro en que se convertiría después. Van Cutsem, a su muerte en 1904, legó el edificio al escultor Charlier (1854-1925), por quien el mecenas había desarrollado un gran afecto. Charlier continuó con la obra de su protector y empezó a coleccionar obras de artistas belgas contemporáneos. A su muerte, la casa y todas sus colecciones pasaron a manos del Ayuntamiento de Saint-Josse-ten-Noode, a condición de que se convirtiera en un museo. El museo abrió sus puertas en 1928.

Actualmente, allí podemos encontrar, dentro de una cálida atmósfera, colecciones de gran riqueza y variedad: pinturas de artistas belgas de los siglos XIX y XX (Ensor, Vogels, Boulenger, ...), esculturas de Charlier, evidentemente, así como de Rik Wouters, mobiliario y objetos decorativos Luis XV, Luis XVI e Imperio, orfebrería belga y tapices de Bruselas y de Aubusson. No dejen de ver la del Credo en el primer piso.

QUÉ VER EN LOS ALREDEDORES :
Casa Govaerts ④
Rue de Liederkerke 112
La casa, construida en 1860 en un estilo ecléctico, fue comprada en 1899 por el arquitecto Léon Govaerts, a quien se debe también la edificación del Ayuntamiento de Saint-Josse. Govaerts la modificó profundamente y la decoró en un hermoso estilo Art nouveau. Adquirida de nuevo en 1955 y restaurada por el Ayuntamiento, actualmente alberga la Casa de la Familia y un centro de ocio para personas de avanzada edad. La mayoría de las veces, los responsables aceptan mostrar una parte de la decoración interior, especialmente la escalera de honor.

CINE BUNKER

Bar y conciertos trash para noctámbulos curiosos

Rue des Plantes 66A
Cómo llegar: Metro Rogier
Tel: contactar con Patrice, el propietario, en el 02 223 34 59
Cine club, teatro y conciertos de vez en cuando

En pleno barrio "caliente" de la Gare du Nord, prácticamente entre dos escaparates de prostitutas con luces de neón moradas y rosas, el Cine Bunker es un lugar diferente que gustará a los noctámbulos curiosos. Como el Cine Nova, recibe su nombre debido a su decoración post-industrial; pero el Cine Bunker es aún más underground que su colega del centro de la ciudad.

Aunque a veces se programan sesiones de cine club, el Cine Bunker es algo más que un cine: también acoge algunos conciertos de música trash o hardcore, que, más allá de la calidad de los acordes, tienen la ventaja de que dejan que la gente se desfogue sin molestar a nadie. Visto el nivel de sonoridad, es perfectamente posible aullar a todo pulmón para relajarse después de una intensa jornada de trabajo.

Después de esta pequeña sesión de terapia antiestrés, admiren las antiguas máquinas de revelado que se alzan en la entrada de la pieza principal. El Bunker está instalado en un antiguo laboratorio fotográfico construido en los años 30, que Patrice, el propietario, ha desescombrado (más que restaurado) amorosamente.

Después, diríjanse hacia el bar, cuyo ambiente relativamente tranquilo contrasta agradablemente con la sala de conciertos. Siempre de manera muy tosca, la decoración retoma el tema de la fotografía. Una vitrina presenta trozos de película, viejas cintas de cine se amontonan en un rincón. Uno se siente extrañamente bien. Con una cerveza en la mano, se sorprenderán arreglando todos los problemas del mundo en un entorno ligeramente surrealista. Pero como ocurre a menudo en Bruselas en este tipo de lugares, los clientes son realmente adorables.

QUÉ VER EN LOS ALREDEDORES :
Edificio Sdworks ⑥
Rue Royale 284
Abierto en horario de oficina

El edificio del número 284, que domina la calle Royale como una baliza desde lo alto de su luz amarilla vertical, es un hermoso ejemplo de arquitectura Art déco. Fue construido entre 1936 y 1938 con planos del arquitecto Jos Duijnstee, encargado por los RVS (Rotterdamse Verzekering Societeiten / Compañía de Seguros de Rotterdam) que celebraban su centenario en 1938. Destaca el hall de entrada con sus bonitos mosaicos en el suelo, sus vidrieras, así como su hermoso panel de azulejos que rememoran los 100 años de los RSV. En el primer piso, la sala de reunión alberga también mosaicos y otro panel de azulejos que representan una escena de caza. Aunque teóricamente las visitas sólo son organizadas, si lo piden probablemente tendrán derecho a echar un vistazo.

En la llave está la clave de los derechos de autor

Rue André-Van-Hasselt 39
Cómo llegar: Tranvía número 61, parada Fuss

Aunos metros de la encantadora Square Armand Steurs, un detalle interesante atrae la mirada del paseante atento.

Una placa, o mejor, un pequeño cuadro indica: "Marcel Mariën, 1920-1993, pasó en esta casa los últimos años de su vida". Junto al texto, el pequeño dibujo de una llave. La solución de este enigma urbano es la siguiente: Marcel Mariën, artista surrealista amigo y cómplice de Magritte, es el autor de la representación de la llave debajo de la inscripción. A su muerte, uno de sus admiradores quiso rendirle homenaje colgando en la pared este cartel tan poco convencional frente a las placas conmemorativas tradicionales.

La SABAM (Sociedad de autores, compositores y editores belgas) intervino para exigir el pago de los derechos de autor para sus descendientes. Los nuevos propietarios de la casa tuvieron la idea de, simplemente, tapar a la vez el apellido del pintor y el dibujo. Con el tiempo, la pegatina que escondía la llave desapareció, y el nombre del artista ha sido inscrito de nuevo.

La SABAM no ha dicho nada todavía.

QUÉ VER EN LOS ALREDEDORES
Una fachada art nouveau desconocida ⑧
Rue Van Hasselt 32-34

Frente a la antigua casa de Marcel Marien, hay una pequeña y desconocida obra maestra del *art nouveau* bruselense. Esta doble casa, con la tienda a un lado y la casa al otro, abraza hábilmente la esquina de la calle. Es obra del arquitecto De Valck.

IGLESIA SAINTS-JEAN-ET-NICOLAS⑨

Una iglesia perdida en pleno barrio musulmán

Rue de Brabant 75 y Rue de Aerschot 60
Cómo llegar: Metro Gare-du-Nord
Misas los lunes, martes, miércoles y viernes a las 17.30h, los sábados
a las 17.00h (en neerlandés) y los domingos a las 11.00h

Largamente olvidada en pleno barrio turco y musulmán, la iglesia católica de los Santos Juan y Nicolás es una de las iglesias más singulares de Bruselas.

En la calle de Brabante, llena de comercios en su mayoría turcos, sorprende la fachada neoclásica de una iglesia grande. El asombro continúa después de empujar la puerta. Apenas seis fieles asistiendo a la misa de las 17.30h. "Ya no quedan muchos católicos en el barrio", nos confía el sacerdote, con una pequeña sonrisa. Lleno de brío, acaba el oficio y dedica a cada uno algún comentario personal. No se preocupa en absoluto por la escasa asistencia, más bien se la toma con filosofía, y sobre todo le gustaría volver a convertir esta iglesia en un lugar de acogida donde hacer una pausa silenciosa durante la jornada. Por otra parte, la comunidad ortodoxa local utiliza el lugar para algunos eventos, lo que explica la presencia de un iconostasio en el coro.

La iglesia, construida entre 1847 y 1850 por los arquitectos Peeters y Hansotte, debe su existencia a la generosidad de un benefactor, Jean-Nicolas Nevraumont. Su reciente restauración ha sacado de nuevo a la luz el aspecto monumental de su arquitectura y de su decoración: imponentes columnas corintias con enormes capiteles en estuco dorado y un púlpito impresionante. También posee un mobiliario de época (especialmente los confesionarios), así como un órgano de hermosa factura.

QUÉ VER EN LOS ALREDEDORES:
Le Riad
⑩

Tel.: 02 248 02 10 - www.leriad.be
Horario para mujeres: todos los días salvo los lunes, de 10.00 h a 17.00 h
Miércoles y sábados hasta las 23.00 h - 12 €, 17 € o 25 € - Horario para
hombres: de 18.00 h a 23.00 h, salvo miércoles y sábados - 11 €, 16 € o 40 €

Poner un hamam marroquí dentro de una casa burguesa bruselense neoclásica es una combinación atrevida, pero funciona. La planta baja tiene aires de salón, donde uno se puede relajar mientras saborea una té a la menta o degusta una sopa de lentejas. La dueña es encantadora y la clientela, ecléctica. El baño turco, donde la gente charla, disfruta de los masajes y se baña, está en el sótano.

Taller de Antoine van Hammée ⑪

Rue de Locht 26t

En esta parte bastante pobre de Schaerbeek, no pasan desapercibidas las columnatas jónicas ni el frontón del antiguo taller de Antoine Van Hammée. El conjunto de la fachada glorifica sus cualidades como pintor.

Rue Renkin 33, 72, 74 y 90 ⑫

A dos pasos del Ayuntamiento, la bonita calle Renkin tiene varios lugares particulares de gran interés. El número 33 es una soberbia casa construida por Francis Ophem, que muestra notables esgrafiados que representan a los artesanos trabajando, así como la preciosa escultura de una mujer tumbada, de V. de Haen. Los esgrafiados están en muy buen estado.

Un poco más lejos, en el número 72, y a pesar de la falta de indicaciones, se llega al Espace Géo de Vlamynck, nombre del artista belga, cuyo taller puede verse a algunos minutos a pie, en la Rue de la Constitution. Teóricamente, este espacio se visita durante los recorridos Géo de Vlamynck, el segundo domingo de cada mes. En la casa vive actualmente su hija. Con un poco de suerte, ella les abrirá su puerta para enseñarles las pinturas de su padre que están expuestas en su casa.

Justo al lado, en el número 74, una hermosa casona sorprende cuando se sabe la identidad de su arquitecto: Paul Saintenoy, autor de los antiguos almacenes Old England, de un estilo muy diferente, que hoy se han convertido en el museo de los instrumentos de música. La casona aquí presente fue construida en 1911 para el pintor Frans Kegeljan, el rico heredero de una familia de banqueros de Namur.

En el número 90, fíjense igualmente en una casa Art nouveau con esgrafiados.

Un detalle anecdótico: Renkyn es el pseudónimo de Rennequin, nacido en 1645, que se hizo famoso por haber construido en Marly-le-Roy, bajo el reinado de Luis XIV, un sistema de bombeo destinado a llevar las aguas del Sena hasta los estanques de Versalles, 119 metros más altos.

CASA DE LAS ARTES GASTON-WILLIOT

Un jardín insospechado

Chaussée de Haecht 147
Cómo llegar: Tranvías números 92 y 95, parada Robiano

La Casa de las Artes Gastón-Williot es una pequeña joya desconocida de Schaerbeek y la única mansión de la nobleza anterior a 1830 que posee el Ayuntamiento. Ofrece a sus visitantes salones Luis XV y Luis XVI, algunas bonitas vidrieras que han sobrevivido al paso de los años y un jardín magnífico. Teóricamente, el jardín está reservado a las mujeres con niños de corta edad, pero, en la práctica, la mayoría de las veces se puede entrar. Entonces verán un césped rectangular, adornado con varias estatuas. Siéntense en un banco, aspiren, y aprecien el contraste con la actividad frenética de las calles de alrededor, en un barrio que sigue siendo muy pobre en espacios verdes. El sorprendente tejado de acero y cristal que verán en uno de los laterales del jardín no es más que el techo del mercado cubierto de Schaerbeek.

La Casa de las Artes debe su existencia al rico comerciante de tejidos Charles-Louis Eenens, nacido en Bruselas, que la edificó en 1826. La propiedad pasó después a su hijo mayor, el general Eenens, que mantuvo grandes enfrentamientos con el Ayuntamiento debido a la expropiación del gran jardín, que impedía la construcción de la calle Royale-Sainte-Marie.

La Casa de las Artes, adquirida por el Ayuntamiento en 1950 y declarada monumento histórico en 1993, se abre actualmente para manifestaciones artísticas como la Bienal de la escultura. En gran parte, debe su éxito a Gaston Williot, regidor de Schaerbeek de 1963 a 1971. Fue él quien emprendió una restauración y una habilitación de envergadura. Lo más notable es probablemente el frente de chimenea adornado con azulejos de porcelana de Delft coloreada con manganeso.

André Maurois, Jean Cocteau, Michel Simon y Jacques Brel figuran entre sus visitantes más ilustres. Un poco antes se habían alojado allí Hermann Goering en 1917 y el príncipe heredero de los Países Bajos en 1830. Incluso el príncipe Frédéric de Nassau instaló su Estado Mayor en la biblioteca durante los acontecimientos revolucionarios de 1830. Allí decidió replegar sus tropas hacia Amberes frente a los patriotas reunidos en el parque de Bruselas. En memoria de este momento se conserva la taza en la que el príncipe bebió té el 26 de septiembre de aquel año.

Las fachadas fueron restauradas en 1994. No olviden echar un vistazo a la cafetería estilo 1900 del antiguo guardián del castillo.

TALLER Y RECORRIDO GÉO DE VLAMYNCK

Parece que el artista ha abandonado el lugar por unos instantes

Rue de la Constitution 7
Cómo llegar: Tranvías números 92 y 93 o tren Gare du Nord
Tel: 02 215 01 26
Visitas los segundos domingos del mes a las 14.30h
Duración del recorrido: 3 horas
Precio: 7,5 €
www.geodevlaminck.be

El recorrido del artista Géo de Vlamynck (no confundir con Maurice de Vlamynck, el célebre pintor fauvista francés) comienza por su antiguo taller. Preservado íntegramente, es un soberbio ejemplo de taller de artista del siglo XIX, el más antiguo de Bruselas después del de Antoine Wiertz. De él se desprende una atmósfera íntima y cálida, como si el artista hubiera abandonado el sitio por unos instantes y estuviese a punto de volver: documentos en vías de ejecución aparecen extendidos sobre la mesa de trabajo, los pigmentos metidos en frascos sobre una pequeña estantería y los marcos ordenados en un rincón, preparados para ser usados. Una vieja estufa de la que sale un tubo ennegrecido preside la habitación.

Después, Danielle de Vlamynck, su hija, invita a los visitantes a un pequeño paseo por Schaerbeek hasta la piscina Neptunium, cerca de la plaza de Houffalize. Allí Vlamynck realizó en 1957 un mosaico monumental, de 2 metros por 15. Finalmente, les llevará en dirección al número 72 de la Rue Rankin, donde se encuentra la asociación de los amigos de Géo de Vlamynck. Mientras toman algo, Danielle les mostrará otras obras de su padre, frescos y telas, que decoran los muros de un piso entero de la casa.

Géo De Vlamynck (Brujas 1897-Bruselas 1980)

Géo de Vlamynck se instaló en Bruselas en 1919, para escapar al conservadurismo artístico que reinaba en su ciudad natal y que frenaba su creatividad. Se convirtió en alumno de Constantin Montald, quien le influyó enormemente. En 1912 obtuvo el Grand Prix de Roma por su pintura El arrepentimiento antes de la falta. En 1924 compró el taller de la calle Constitution. La casa, construida en 1862 para el escultor De Hane, ha sido ocupada después por numerosos artistas, como el pintor impresionista de Schaerbeek Eugène Smits. Vlamynck expresó su talento a través de la pintura, de los mosaicos, de las vidrieras (como la de María, madre de Cristo, a orillas del lago, en la basílica de Koekelberg), del fresco (como los que ejecutó con su alumno Nicolas de Staël para la Exposición Universal de 1935) y de las cerámicas. Pero es célebre sobre todo por sus desnudos femeninos.

ESCUELA MUNICIPAL NÚMERO 1
Grupo escolar de la rue Josaphat

El tipo casi perfecto de escuela ideal

Rue Josaphat 229-241 y Rue de la Ruche 30
Cómo llegar: Tranvía número 59, parada Saint-Servais
Abierto en horas de clase

La escuela de la calle Josaphat y de la calle de la Ruche en Schaerbeek es probablemente el mejor ejemplo de Bruselas de Art nouveau aplicado a la arquitectura escolar. Como en la mayoría de las escuelas de la ciudad, es posible que les dejen echar un discreto vistazo durante las horas de clase, si lo piden con tacto. Aunque hay una entrada en la calle de la Ruche, la entrada principal se hace por la Rue Josaphat.

La Escuela Primaria Número 1, inaugurada el 6 de octubre de 1907, es la construcción más célebre del artista de Schaerbeek Henri Jacobs. Elogiosa, la revista La Ligue des architectes habló en la época del "tipo casi perfecto de escuela ideal".

En su origen tenía 24 clases, un jardín de infancia, una escuela primaria para niños, otra para niñas y una escuela técnica. El conjunto impresionaba por la calidad de sus infraestructuras: sala de gimnasia, piscina de natación, biblioteca, varios campos de juegos al aire libre, nada era demasiado bonito para esta realización, que costó más de 2 millones de francos, presupuesto considerable en la época. La Ligue des Architectes llegó a preguntarse "si no habrá demasiado lujo delante de los niños; somos de la opinión de que la simplicidad debería ser la primera preocupación del autor en la concepción de una obra de este género"

Más allá de la riqueza de los equipamientos, Jacobs, que fue uno de los discípulos de Horta, realizó aquí una verdadera obra de arte, tanto por su arquitectura como por su decoración.

Los numerosos esgrafiados, realizados por Privat Livemont, se encuentran tanto en la fachada como en el interior, razón por la cual algunos de ellos, protegidos de la intemperie por los edificios, están en un estado de conservación poco habitual: la mayoría de los colores son los originales. En cuanto a los motivos, Privat Livemont se inspiró en la historia local: así, encontramos el asno de Schaerbeek, las colmenas, que aluden a la calle del mismo nombre, y las abejas, que simbolizan la diligencia en el trabajo…

QUÉ VER EN LOS ALREDEDORES
Avenue Louis-Bertrand 59-61 ⑯

En la esquina de la Rue Josaphat se encuentra un hermoso edificio construido por Strauven en 1906. Fíjense en los hermosos azulejos debajo del toldo del restaurante, firmados "Cerámicas Wezel, 16, rue Kessels". La bonita construcción de la esquina opuesta, en el número 65, también es de Strauven. En el 10 de la avenida de Louis-Bertrand hay unos hermosos esgrafiados, hoy en día muy deslucidos.

ACADEMIA DE MÚSICA

El jardín de música

Boulevard Lambermont 184-186
Cómo llegar: Tranvía número 23, parada Demolder
Tel: 02 241 41 39 Fax: 02 241 96 43

La Academia de Música, instalada en una bonita casona del Boulevard Lambermont, es una escuela de música de habla neerlandesa creada hace 25 años. Aunque evidentemente la escuela imparte cursos de música y de danza, es especial sobre todo por su jardín, grande y escondido, espléndido. Este jardín es el colmo del buen gusto, y a veces se puede entrar, si se pide amablemente. Hay otro modo de disfrutar de este remanso de paz: más o menos una vez al mes, la escuela ofrece conciertos gratuitos de buena calidad. Para gozar de una magnífica puesta de sol, basta con llegar un poco antes del comienzo y perderse entre la vegetación.

QUÉ VER EN LOS ALREDEDORES
Boulevard Lambermont 146 y 150 ⑱
Dos hermosos ejemplos de casas Art nouveau con esgrafiados restaurados. En el 168, otros en mal estado.

Avenue Eugène-Demolder ⑲
Preciosa avenida bordeada de algunas casas muy bonitas. Fíjense en el número 4, con un esgrafiado en mal estado; en el número 11, construido en 1911 por Leemans con algunos esgrafiados y una forma redondeada, así como en el número 24, realizado por François Hemelsoet. Observen aquí la obra metálica en lo alto del edificio, que recuerda a la del Museo de Instrumentos Musicales. Y finalmente, en el número 27, otros apreciables esgrafiados.

Ayuntamiento de Schaerbeek ⑳

Place Colignon

Aunque la mayor parte de los habitantes de Bruselas conocen el imponente Ayuntamiento de Schaerbeek, muy pocos han entrado en él. Construido en pleno campo en 1887 por el arquitecto Jules Jacques Van Ysendick, y reconstruido en 1911 después de un incendio, es un bonito ejemplo del estilo neorrenacentista flamenco. Admiren especialmente, en el interior, las vidrieras de la escalinata de honor, las dos escaleras laterales, la vidriera del fondo y las salas principales que se abren a la fachada, sobre todo la Sala de Matrimonios y la Sala del Consejo. Esta última alberga preciosos tapices de Malinas que representan cerezos, cuyo fruto es el símbolo del municipio.

Residencia particular de Henri Jacobs ㉑

Avenue Maréchal-Foch 9

A algunos metros del Ayuntamiento de Schaerbeek, el arquitecto Henri Jacobs construyó en 1903 una casa que le sirvió a la vez de vivienda y de despacho. Posee sobre todo un magnífico esgrafiado entre la cornisa y las cuatro ventanas ojivales del último piso. Debe su buen estado de conservación a la cornisa, que sobresale mucho y le protege de la intemperie. Sin embargo, esta misma cornisa presenta el inconveniente de que la mayor parte del tiempo deja en la sombra la parte superior del esgrafiado. De paso, admiren la casa de al lado, la del número 11, también construida por Jacobs. Henri Jacobs fue igualmente el arquitecto de la escuela de la calle Josaphat, la de la calle de Roodebeek y del instituto Diderot en los Marolles.

Casa y taller del pintor Ruytinx ㉒

Rue Vogler 17

La casa del 17 de la calle Vogler, construida en 1902 para el pintor Alfred Ruytinx por un arquitecto desconocido, ofrece al paseante un bonito esgrafiado ejecutado por Privat Livemont, tío del artista. Este esgrafiado, restaurado de una manera poco feliz por su propietario actual, que sin embargo es un antiguo profesor de dibujo, ha perdido hoy sus colores originales. Presenta unos contrastes demasiado marcados, acentuados por la pintura gris claro de la fachada. No obstante, el dibujo original, encantador, sigue estando presente. Alegoría de la pintura en honor de su primer propietario, representa una mujer sosteniendo una paleta y un pincel y un niño, rodeados por un mar de vegetación, de hojas de castaño y de brotes.

BAR-RESTAURANTE DE LA GUILDE ㉓ ROYALE DE SAINT-SÉBASTIEN

Los arqueros tiran sobre pichones de arcilla sobre un poste de unos veinte metros

Parc Josaphat, parte alta
Cómo llegar: Tranvía núm. 66, parada Azalées o núm. 23, parada Héliotropes
Bar-restaurante abierto desde mediados de marzo hasta principios de noviembre, dependiendo del tiempo que haga, de 11.00h a 21.00h o 22.00h
Temporada de tiro: de mayo a octubre, todos los viernes a las 18.30h

Además de la asociación de tiro con arco del parque Josaphat (nombre de un valle próximo a Jerusalén), la guilda de San Sebastián posee un bar-restaurante delante de los postes de tiro. Allí pueden observarse los entrenamientos y las competiciones: el tiro, espectacular, se realiza sobre unos pichones de arcilla colgados en postes de unos veinte metros de alto. Por eso, la parte central del parque es evacuada

durante las competiciones, y en los entrenamientos, los tiradores se aíslan entre rejas, para que las flechas no caigan encima de los paseantes. Esta tradición viene del siglo XVI, cuando se fundó la guilda: cada año, se tiraba sobre los pájaros desde la torre de la cercana iglesia Saint-Servais. El vencedor era proclamado rey de la guilda y recibía tres insignias: un collar con placas de plata, un bastón ceremonial y un pájaro honorífico de plata. A la tercera victoria consecutiva, se le nombraba emperador.

Una de las banderas de la guilda se ve en la escalera que lleva al primer piso del ayuntamiento de Schaerbeek. San Sebastián es el santo patrón de los tiradores de arco desde el siglo IV. Es igualmente el patrón de la Guilda de los Arqueros de Bruselas y, como tal, se le representa encima del tímpano de la puerta del ayuntamiento. En el museo de Arte Antiguo, un cuadro de Memling muestra el *Martirio de San Sebastián*.

San Sebastián

Probablemente nacido en Milán, Sebastián se enrola en el ejército romano hacia 238. Nombrado capitán de la guardia pretoriana por el emperador Diocleciano, se hace notar por su fe cristiana y su proselitismo. Detenido, es condenado a morir atravesado por las flechas de sus propios soldados. Estos le acribillan aunque no apuntan a las zonas vitales su cuerpo. Es dejado por muerto, pero Irene, viuda de San Catulo, le encuentra vivo y cura sus heridas. Restablecido, Sebastián sale al paso de Diocleciano para proclamar su fe. Exasperado por su insolencia, el emperador ordena que lo lapiden y tiren su cuerpo a las alcantarillas de Roma (Cloaca Máxima). Por ello se le atribuye el poder de frenar las epidemias de peste: en 680, mientras la enfermedad arrasaba Roma, se llevaron sus reliquias en procesión y la peste cesó. Se le invoca contra la epilepsia.

IGLESIA SAINTE-SUZANNE

*Emblema del Art déco, la iglesia de hormigón muestra
la armonía de sus colores que pasan del rosa al castaño*

*Avenue Gustave-Latinis 66
Misas todos los días a las 18.30h, los viernes a las 9.00h, los sábados a las 17.00h
y los domingos a las 10.00h*

A pocos pasos del Boulevard Lambermont, la iglesia Saint-Suzanne
es una iglesia de estilo Art déco que posee unas magníficas
vidrieras contemporáneas. De las tres iglesias de hormigón construidas
en Bruselas, Saint-Suzanne es la más antigua y la mejor conservada. En
efecto, Saint-Auguste en la Altitude 100 en Forest y Saint-Jean-Baptiste
en Molenbeek se hallan muy estropeadas. La iglesia fue construida
principalmente gracias a
los fondos de la viuda del
general Maes, que perdió a
su única hija, Suzanne, en
1914, cuando tenía 20 años.
Naturalmente, la parroquia

tomó el nombre que deseaba su benefactora y la iglesia celebró su primer
culto el 11 de agosto de 1928, día de Santa Susana. Sobrina del papa Cayo,
Santa Susana fue decapitada hacia el año 300, durante las persecuciones
de Diocleciano. Desde el exterior, el edificio impresiona por su estructura
de hormigón y su campanario de pisos sucesivos que culmina a 49 metros.
En un estilo característico del Art déco, utiliza varias gamas de color que
van armoniosamente desde el rosa al ocre y al castaño. Su arquitecto, Jean
Combaz, se inspiró en la iglesia del Raincy, construida por August Perret
cerca de París. El interior, que puede acoger 1.000 personas, sorprende
por su volumen. Por primera vez en Bélgica, el empleo del hormigón
permitía construir una sola nave, sin columnas ni pilares. Al entrar, a la
derecha, destaca el hermoso baptisterio de 1935, de los talleres de arte de
Maredsous. Fíjense en el suelo, en los mosaicos de color negro, amarillo
y rojo, para madame Maes un recuerdo del pasado militar y patriótico de
su marido. No obstante, son las vidrieras las que dan valor a la iglesia.
Compuestas por seis grandes paneles, son todas obra del mismo artista
(Simon Steger) y del mismo maestro vidriero (Jacques Colpaert). Cada
uno de los ventanales está guarnecido por vidrieras en el interior y, lo que
resulta una novedad, por vidrieras blancas en el exterior. Éstas permiten
un mejor aislamiento y protegen mejor de la contaminación.

Sainte-Suzanne es actualmente muy luminosa, aunque antes lo era
todavía más: durante su construcción, detrás del altar se abría un séptimo
ventanal, y el techo con artesonados incluía nueve lucernarios en forma
de cruz. Pero como las concepciones de la época consideraban que el
recogimiento necesitaba la penumbra, se decidió destruir estas vidrieras.

DESTILERÍA FOVEL

Con la ginebra de padres a hijos

Rue Thiefry 69
Cómo llegar: Tranvía número 90, parada Coteaux
Venta a particulares de lunes a viernes de 9.00h a 16.00h
Visitas gratuitas para grupos de más de 20 personas, con cita previa
en el 02 215 58 15

Aunque solo sea por el placer de oír a Thierry Fovel, que la conoce como la palma de su mano, la destilería Fovel, la más antigua destilería de licores y ginebras de la capital, merece una visita. Desde 1864, cinco generaciones se han transmitido de padres a hijos los secretos de fabricación. El edificio, pintado de blanco y verde (los colores del Ayuntamiento), y su patio interior, conservan un encanto innegable, y aunque las formas redondeadas e irregulares de los adoquines "Kinderkop" hacen que andar sea difícil, es simplemente ¡porque estaban destinadas a adaptarse a los cascos de los caballos! En el interior se encuentran las máquinas. Preciosas fotos, en las que los personajes tienen una apariencia despreocupada, evocan toda una época, como la que representa al fundador y a sus cuatro hijos en 1900. Al fondo de la sala principal reinan las imponentes barricas de madera de roble para coñac de los años 1890, hoy llenos de ginebra (4.050 litros por barrica). Su forma oval permite ganar espacio. El alambique es un superviviente de la Segunda Guerra Mundial: lo escondieron y enterraron para que no acabara siendo un obús. La visita no puede acabar sin una pequeña degustación.

La ginebra Hasselt (ciudad de origen de la familia Fovel) es especialmente apreciada: se vende hasta en África del Sur. Si le preguntan, Monsieur Fovel se lanzará con mucho gusto a hacer una apología de esta bebida, la bebida alcohólica más antigua de Europa, que hizo andar, prácticamente ella sola, a todo el ejército de Napoleón. Sin embargo, en los años cuarenta, el consumo de ginebra disminuyó sensiblemente en beneficio del whisky, que era la bebida favorita de los nuevos países dominantes.

QUÉ VER EN LOS ALREDEDORES
Taller Colpaert

Rue Monrose 33-35 - 02 245 95 90

Hermoso taller del maestro vidriero Jacques Colpaert. Hoy ocupado por la empresa de arquitectura De Smet y Whalley, teóricamente no se visita. No obstante, si lo piden con amabilidad, quizá los propietarios acepten dejarles entrar. Esta bonita casa Art déco, construida en 1930 por el arquitecto Deboodt, conserva su gran vidriera y sus bellos volúmenes.

EL MOERASKE

Una autopista de vegetación

Cómo llegar: Autobuses números 59, 69 ó 70, parada Carli
Acceso libre, salvo para el Parc Walckiers (sólo para visitas)
Visita guiada gratuita los segundos domingos del mes a las 10.00h o visita a la
carta por 50 € (grupos de máximo 20 personas), llamando al 02 242 50 43

Paradójicamente, el entusiasmo del siglo XX por las autopistas es el origen del parque del Moeraske y de su forma alargada tan particular (casi 2 km de largo): este lugar, que hoy está lleno de pájaros, de zonas acuáticas y de vegetación silvestre, debía acoger el trazado de la autopista que venía de Amberes. Así, se pusieron a construir terraplenes con tierra y basura, expropiaron, y utilizaron un estanque para recoger el agua de las fuentes. Finalmente, el proyecto se abandonó, así como el terreno, y progresivamente la naturaleza recuperó sus derechos: ¡el estanque regulador se convirtió en un pantano (en neerlandés, "moeraske" significa "pequeño pantano"), la parte de los terraplenes se metamorfoseó en el Parc del Bon Pasteur y el Parc Walckiers volvió a ser salvaje! Curiosamente, estos trastornos han dado al lugar a una riqueza y una diversidad biológica extraordinarias: medios húmedos, secos o intermedios, medios boscosos, un arroyo (el Kerkebeek), fuentes, marismas y huertos.

Es también un testimonio de la historia del lugar. Al Noreste se encuentra un pequeño depósito de agua que antes alimentaba las calderas de las locomotoras de vapor de la estación cercana: en efecto, sus 14 hectáreas bordean la estación de Schaerbeek-Formation. La enorme compuerta de alimentación puede verse también a lo largo de la vía férrea. Un antiguo cartel publicitario, en el número 44 de la calle Walckiers, recuerda la existencia de compañías que aseguraban contra los estragos de la guerra. Igualmente, puede verse un antiguo refugio aéreo, en el cruce de la Rue Carli con la Rue du Château.

Amenazada tanto por los proyectos de la Sociedad Nacional de los Ferrocarriles Belgas como por el Ayuntamiento, esta zona se halla felizmente defendida por los habitantes, que han sabido movilizarse por un parque que se ha convertido en algo muy apreciado para ellos. Para algunos, incluso, la posibilidad de observar el paso de los trenes sentados en medio de las malas hierbas es un placer, muy raro teniendo en cuenta la cercanía del centro de la ciudad. Perfecto para gente con niños.

MUSÉE LE CLOCKARIUM

En diez años el conservador ha adquirido cerca de 3200 relojes de porcelana, casi uno al día

Boulevard Reyers 163
Cómo llegar: Tranvía 23, 24 y 25, parada Diamant
Tel/Fax : 02 732 08 28
Abierto todos los domingos. Sólo mediante visita guiada a las 15.05h (duración: más o menos 1 hora y 20 minutos) - Entrada: 6 €
www.clockarium.com

El Clockarium es un singular museo privado de relojes de loza del período de entreguerras. Instalado en una hermosa casa Art déco. Ofrece una selección de más de 1.300 piezas de un total de 3.200. El resto está en los depósitos.

¿Por qué relojes de loza? Simplemente porque el actual conservador, Jacques de Selliers, antiguo directivo de Solvay, comenzó a interesarse por ellos y a recorrer los anticuarios a la búsqueda de estos objetos un poco pasados de moda y muy a menudo olvidados en el fondo de un desván. Apenas en unos diez años ha reunido esta asombrosa colección, lo que significa un ritmo de casi un reloj comprado por día.

La cadencia de sus compras ha disminuido, pero sigue teniendo suficiente pasión por ellos como para guiar él mismo las visitas de su museo personal. Algo que, por otra parte, es lo que hace al museo tan interesante.

En los años veinte, los relojes eran todavía objetos relativamente lujosos, signo de buena posición social. Era de muy buen ver tener uno encima de la chimenea, elemento central del salón de la época. Esta tradición se desarrolló sobre todo en Francia y en Bélgica: los países germánicos se calentaban sobre todo con estufas y la chimenea estaba poco extendida. Más al Sur, no se precisaba del uso de las chimeneas, y en Inglaterra se preferían los grandes relojes de madera. En Francia y en Bélgica se prefería la loza, que tenía la ventaja de ser a la vez barata y decorativa.

Se darán cuenta, también, de que todos los relojes del museo aparecen parados a las 10 y diez, como en todas las relojerías. La impresión que da esta posición de las agujas, en forma de brazos levantados, es simplemente ¡más positiva que si las agujas apuntaran a las 5 menos veinte, en forma de brazos caídos y desanimados!

La Loza

La cerámica es un término genérico que designa un objeto realizado a partir de la arcilla (*keramon* en griego) cocida. La loza es el tipo de cerámica más sencilla y probablemente la más extendida, cuyo nombre viene del latín lútea, femenino de lúteum, "de barro" (en francés, faïence, de la ciudad italiana de Faenza). De mayor calidad (mayor finura y transparencia) tenemos la llamada loza fina y después la porcelana, que además de la arcilla contiene caolín.

ESCUELA MUNICIPAL NÚMERO 13 ㉙
GRUPO ESCOLAR DE LINTHOUT
Gusto por la belleza y los valores cívicos

Avenue de Roodebeek 61 y 103
Cómo llegar: Tranvía 23, 24 y 25, parada Diamant
Tel: 02 734 34 63
Abierto en horas de clase

LES CONTES DE L'ANCÊTRE

El grupo escolar de Linthout, menos conocido que el complejo escolar de la calle Josaphat, es una magnífica realización Art nouveau del arquitecto Henri Jacobs, ayudado en el número 103 por Maurice Langaskens y en el número 61 por Privat Livemont. Solicitándolo en la entrada, se puede visitar en las horas de clase.

En su origen, el edificio fue concebido para albergar dos escuelas primarias gemelas, los niños en el número 103 (escuela número 13) y las niñas en el número 61 (escuela número 11). Actualmente comprende la escuela número 13 y la extensión del Ateneo Fernand-Blum.

En el número 13, inaugurado en 1913, un corto pasillo lleva a un primer patio arbolado, muy bonito, que se abre a la fachada del patio cubierto, ligeramente tapada por los árboles. Una vez en él, decorado en estilo Art nouveau, domina una impresión de ligereza. Un vasto volumen bien ventilado, una vidriera que se alza sobre el patio central y, al fondo, un bonito fresco: L'Étude, que representa una escena de Contes de l'ancêtre ("Cuentos del antepasado") y otro de un Berger étudiant les étoiles ("Un pastor estudiando las estrellas"). Las autoridades municipales de la época querían mostrar a los alumnos el gusto por lo bello a la vez que les enseñaban los valores cívicos.

A algunos metros de allí, el número 61 está construido según los mismos principios y con una disposición espacial casi idéntica. Fue inaugurado en 1922, más tarde que el número 103 debido a la Primera Guerra Mundial, pues durante la ocupación los alemanes decomisaban el acero para utilizarlo en la fabricación del hormigón armado. Aquí se descubre también un hermoso patio cubierto y un precioso y amplio fresco. Éste, pintado por Privat Livemont, evoca los valores de La Première Éducation, así como L'Étude y el trabajo. Al volver a salir al espacio abierto, abran la puerta a la derecha del patio cubierto. El pasillo que lleva al gimnasio tiene varios esgrafiados magníficos en mal estado, también de Privat Livemont. Echen también un vistazo al gimnasio, decorado con un bonito techo de estilo Art nouveau, lleno de curvas graciosas y refinadas.

QUÉ VER EN LOS ALREDEDORES

Ciudad obrera de Linthout ㉚

Entradas por el 84-88 de la Rue du général Gratry y por la Rue de Roodebeek
Bonito conjunto de casitas con jardín. La entrada de la calle del general Gratry es más interesante, especialmente por el original punto de vista sobre la casa central de la ciudad. Fíjense en el pequeño huerto a la derecha de la casa.

Rue du Linthout 88 ㉛

En la esquina de la Rue Victor-Lefèvre se encontrarán con un edificio que posee hermosos esgrafiados firmados por Gustave Strauven.

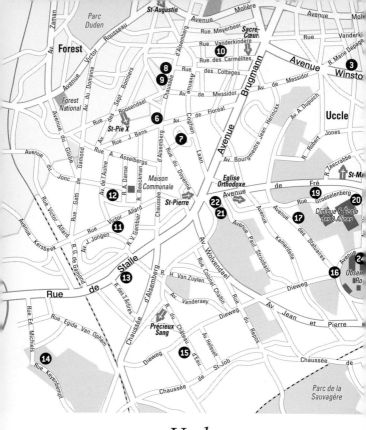

Uccle

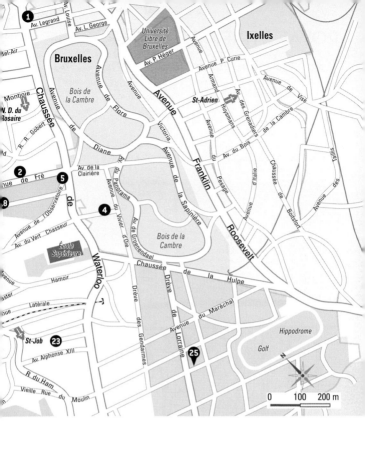

ROYAL ÉTRIER BELGE

Tome el té en un club hípico privado

Champ du Vert Chasseur 19
www.royaletrierbelge.be
Abierto todos los días salvo los lunes
La cocina abre de 9.00 h a 20.00 h
Tel. Club House: 02 374 38 70
Cómo llegar: Autobús núm. 41, parada Vert Chasseur

El club hípico Étrier, situado detrás del bosque de la Cambre, cerca de Uccle, es el prototipo de club de campo de la alta sociedad. Construido en 1929-1930 por el arquitecto Gaston Ide, este centro ecuestre se creó a iniciativa de la familia Solvay para ofrecer a los oficiales, a la aristocracia y a los miembros de la alta burguesía un centro hípico en Bruselas.

Inspirado en el estilo neorrenacentista flamenco, que se caracteriza por *boiseries* y elementos de hierro forjado pintados de verde y rojo, el conjunto es a la vez muy elegante y totalmente surrealista, puesto que la Grand-Place está a 10 minutos en coche.

El barrio donde está el Royal Étrier también merece una visita. Aislado y poco urbanizado, Le Vert Chasseur no es un barrio como los demás. Este pequeño lugar, cuyas edificaciones se agrupaban antaño alrededor de la Chaussée de Waterloo, está recién urbanizado.

En 1864, después de que la Ciudad de Bruselas acondicionara el bosque de la Cambre, una parte del Vert Chasseur se anexionó a Bruselas, cuando aún pertenecía de lleno al territorio de Uccle. Se convirtió en una especie de anexo del parque, con sus numerosos cafés y restaurantes al aire libre, de los cuales hoy queda uno: la prestigiosa Villa Lorraine, que fue un café-restaurante-pensión cuando el restaurador Trippa-Dekoster la fundó en 1893.

QUÉ VER EN LOS ALREDEDORES
Conjunto arquitectónico anacrónico ②
Chaussée de Waterloo 878-880

Este conjunto de edificios que bordea la Chaussée de Waterloo es de un anacronismo desconcertante. Construido entre 1934 y 1938 por el arquitecto Léon Smets, este conjunto combina una variedad de estilos históricos, como el barroco o el estilo Luis XV. El arquitecto fue tan refinado que usó materiales que imitaban perfectamente la arquitectura original. Una larga arcada que se extiende desde la derecha de la fachada principal conduce al jardín.

A la izquierda, el letrero de hierro forjado de la tienda alberga un querubín, y a la derecha, una fuente de inspiración barroca está coronada por un altorrelieve inspirado en una composición de Miguel Ángel.

CARRÉ TILLENS

Una hectárea y media de huertas cultivadas por los residentes del barrio

Rue du Fossé entre los números 461 y 463, y Chaussée d'Alsemberg
Rue Joseph Bens 9-11
Rue Roosendael 192
Cómo llegar: Tranvía número 55, parada Roosendael

El *carré* Tillens, casi invisible desde la calle, es un lugar maravilloso. Ocupa toda una manzana de casas, sobre una hectárea y media formado por varias huertas abiertas al público. Al contrario que en la mayoría de los huertos de Bruselas, los caminos que las atraviesan son también vías de paso de una calle a otra, y se puede pasar perfectamente por ellos.

El acceso más claro es probablemente el de la calle Roosendael. Viniendo de la chaussée d'Alsemberg, hay que dejar atrás varios edificios antes de llegar a una valla que llama la atención. Pónganse de puntillas y traten de ver vegetación o cualquier cosa que se parezca a un gran jardín. No se entretengan con una puerta pequeña que permanecerá cerrada y continúen un poco más lejos hasta dar con un caminito de tierra que desciende perezosamente hacia la izquierda, enfrente del 192 de la calle de Roosendael. Allí es. Si siguen algunos metros más, su curiosidad será satisfecha. Una señora de aspecto simpático que está cavando su parcela y tres jubilados del barrio que charlan tranquilamente estarán encantados de ayudarles. Aquí hay 44 parcelas puestas en alquiler por el IBGE, Institut Bruxellois pour la gestion de l'Environnement (Instituto de Bruselas para la gestión del medio ambiente). Aunque en teoría todo el mundo puede alquilar un terreno, en la práctica están reservados para los residentes del barrio, para asegurar que las huertas estarán cuidadas. Siguiendo por el camino, verán una pareja que se besa en un campo de césped. Más lejos, una mujer que lleva parte de los desperdicios orgánicos domésticos (pieles de naranja, verduras podridas, etc.), que meterá en un cajón grande para fabricar, después de que fermenten, lo que se llama compost. Éste será utilizado luego como abono, como en el campo.

QUÉ VER EN LOS ALREDEDORES :
Square Coghen ④

Bonita parcela donde se alzan, en un terreno con mucha pendiente, hermosas casas del periodo de entreguerras alrededor de un original óvalo. Fíjense especialmente en los números 42 al 46 (del arquitecto Pierre Verbruggen), 9 y 11 (de Josse Franssen), así como los que van del 75 al 87 (de Louis Herman De Koninck).

Carré Stevens

Entre el 461 y el 463 de la Chaussée d'Alsemberg

Carré Pauwels ⑥

Entre el 469 y el 471 de la Chaussée d'Alsemberg

A dos pasos del maravilloso carré Tillens, los carrés Stevens y Pauwels son dos encantadoras calles sin salida que se comunican una con la otra. A cada lado, hay casas con jardín que dan la impresión de estar en un pueblo, lejos de la contaminación de los tubos de escape de la Chaussée d'Alsemberg.

Carrés Serste, Cassimans y Meert ⑦

Carré Cassimans, entre el 132 y el 140 de la Rue Boetendael. Carré Serste a la izquierda del 126 de la Rue des Carmélites y Carré Meerte en el 139 de la Rue Boetendael

Aunque hoy el Carré Meert es privado e inaccesible, ofrece, junto con los carrés Serste y Cassimans, bonitas vistas para el paseante.

Los carrés de Uccle

Uccle es el único Ayuntamiento de Bruselas que ha preservado, felizmente, la mayoría de sus antiguos espacios rurales. Curiosamente, estos espacios, a los que en francés se denomina "*carré*" ("cuadrado", "karrei" en flamenco popular o "*blok*" en holandés) pocas veces tienen forma cuadrada.

El origen de esta denominación se remonta al siglo XVII.

En esta época, no existían las placas que indicaran oficialmente el nombre de la calle o de un lugar. Prevalecía el uso, y sus nombres venían de las tradiciones populares y de las costumbres de los habitantes de los barrios.

Ése era el caso del 35 y el 39 de la Rue aux Choux, que poseía un gran patio cuadrado detrás de las casas que daban a la calle. Estaba fuera del callejero público, y era llamado por los residentes "bataillon carré" ("batallón cuadrado"). Nombre que guardará durante mucho tiempo, incluso después de que el municipio le diera en 1853 el nombre oficial de Saint-Felix.

Esta denominación de "bataillon carré" se puso un poco de moda, y poco a poco fue adoptado por otros residentes que la utilizaron para nombrar otros espacios de este tipo, generalmente de forma cuadrada. Con el tiempo, se impuso el nombre de "carré" y sirvió, simplemente, para llamar incluso a calles sin salida largas y estrechas.

CAMINO DEL DELLEWEG

*Una pequeña senda forestal que serpentea
en medio de la ciudad*

A la derecha del número 118 de la Rue Victor-Allard
Cómo llegar: Tranvía número 48, parada Victor-Allard

El camino del Delleweg, ausente de la mayoría de los planos de Bruselas, es una sorpresa considerable, a dos pasos del Ayuntamiento de Uccle. La entrada es muy estrecha y apenas se ve, escondida entre la casa del 118 de la calle Victor-Allard y un bosquecillo de arbustos. Ábranse camino a través de este pequeño pasaje. Después de unos pocos metros, el camino se ensancha y darán con la visión cautivadora y sorprendente de una senda forestal que serpentea tranquilamente por el fondo de un valle. Algunos escalones de madera llevan rápidamente hasta ella. La impresión de descubrir un pequeño pasaje secreto es fascinante. Bastan dos o tres minutos para alcanzar el otro lado del camino que desemboca en la Avenue de la Princesse-Paola, en medio de casas acomodadas.

El Delleweg, incluido en la lista de espacios protegidos en 1988, bordea por la izquierda (en su descenso) la gran propiedad, llamada posesión de Allard, nombre de una rica familia de banqueros cuyo miembro más ilustre, Victor Allard, fue alcalde de Uccle de 1895 a 1899. La casa, construida poco antes de 1900, es de estilo neorrenacentista flamenco. Sólo podrán verla si vuelven a la Avenue Victor-Gambier, donde se sitúa la entrada oficial de la propiedad en el número 57.

Justo enfrente de la entrada oficial de la propiedad, fíjense también en un pintoresco conjunto de casitas del siglo XIX, típicas del entorno popular de la época, con una calle común por detrás y, al fondo, jardincillos privados visibles desde el cruce con la calle Labarre.

QUÉ VER EN LOS ALREDEDORES

Camino del Vossegat ⑨

Situado entre el 127 y el 129 de la Rue Beeckmann, une esta calle con la Rue Auguste-Danse

El camino del Vossegat es un agradable camino adoquinado y peatonal, que también sorprende por su presencia en pleno entorno urbano.

Carré Peeters ⑩

Entre el 92 y el 94 de la Rue de Stalle

Bonita calle sin salida flanqueada por casitas con jardines privados. Es un recuerdo del pasado obrero e industrial de la calle de Stalle, que poseía numerosas casas obreras de este tipo antes de volcarse en el sector terciario.

PARAJE DEL NECKERSGAT-
EL MOLINO DE AGUA

*Uno de los primeros molinos que antaño
se utilizaban para fabricar la pasta de papel*

Rue Keyenbemt 66
Cómo llegar: Tranvía número 52, parada Keyenbemt

El paraje del Neckersgat estaba ya habitado en la época neolítica (6.000 a.C.) y muy probablemente en tiempos de los Celtas, como hacen pensar las excavaciones arqueológicas. Aún igual de verde, ofrece al paseante curioso un bonito paseo para descubrir el molino del Neckersgat. El acceso más romántico es el del Instituto Nacional de Discapacitados, en el número 36 de la Avenue Achille-Reisdorff. El edificio, levantado en 1844 por el propietario del lugar, Jean-Baptiste Gaucheret, fue transformado en castillo por su descendiente, Marie-Thérèse de Gaucheret. Seguidamente, fue convertido en clínica, en hospital militar, en sanatorio y más tarde, en 1927, adquirido por el Instituto Nacional de Discapacitados, que lo utiliza todavía hoy como casa de reposo para las víctimas de guerra. Solicitándolo con amabilidad, los empleados del Instituto les guiarán probablemente hasta el camino que lleva al molino. El camino, que desciende sinuosamente por la colina sobre la que se alza el edificio, tiene una vista pintoresca sobre el valle de más abajo. Siguiendo por el camino, el bosque se hace más denso y la ciudad queda completamente olvidada. No dejen el sendero, que rodea una pequeña charca, y unos cinco minutos después llegarán a la parte de atrás del molino. Una pequeña reja que pide a gritos ser abierta les llevará a la calle Keyenbempt y a la entrada oficial del molino. En sus orígenes se trataba de un simple molino de cereal; actualmente el molino de Neckersgat es uno de los últimos representantes de los molinos de pasta de papel, con el de Crockaert, en la Rue de Lindebeek, también en Uccle. El molino, instalado sobre el curso del Geleystbeek, que accionaba una rueda actualmente desaparecida, fue transformado en vivienda y ha cesado toda actividad industrial. El interior no se visita. El molino fue adquirido por el municipio de Uccle en 1970, restaurado en 1971 y declarado monumento histórico en 1977. A la izquierda del molino parten varios caminitos. Son sus clásicas vías de acceso, menos pintorescas. Pueden, en cambio, continuar el paseo por el otro lado: siempre en el lado izquierdo del camino en cuanto éste reaparezca, prolonguen su caminata forestal antes de desembocar finalmente al principio de la Chaussée Saint-Job.

CAMPO DE MAÍZ DE LA RUE DU CHÂTEAU-D'EAU

⑫

Un campo de maíz a un cuarto de hora del centro de la ciudad

La parte meridional de la calle del Château-d'Eau entre Dieweg y la Chaussée de Saint-Job parece un camino adoquinado de pueblo. Sin embargo, bajando la calle a partir de Dieweg, lo más asombroso sigue siendo el extraordinario campo de maíz que hace esquina con la Chaussée de Saint-Job. La visión de un campo de maíz de más o menos una hectárea de superficie justo antes de la cosecha, con los tallos de más de dos metros de altura, a un cuarto de hora de la Grand-Place, es algo que no deja de sorprender al visitante. La llegada por la Chaussée de Saint-Job es menos impresionante, por los edificios nuevos y sin carácter que acaban de construir justo enfrente del campo.

QUÉ VER EN LOS ALREDEDORES
Observatorio-Casa Grégoire

⑬

Dieweg 292
Tel: 02 372 05 38

La casa Grégoire, construida en 1933 por Henri van de Velde, es una hermosa casa contemporánea. Es posible visitarla durante las exposiciones organizadas por el "Observatoire Galerie", que desde 1995 presenta a jóvenes artistas de la escena internacional. Esta función híbrida de la casa da a la visita un encanto particular. Al descubrir algunas de las obras de arte, predomina la sensación de estar en casa de un coleccionista particular: deambulamos y nos empapamos del ambiente, un poco sorprendidos de haber aterrizado en este entorno cotidiano tan refinado.

CASA DE REPOSO "L'OLIVIER"

Corderos que pastan a algunos metros de las casas

Avenue des Statuaires 46
Cómo llegar: Tranvía número 41, parada Groeselenberg
Tel: 02 372 12 48

Subiendo la Rue Groeselenberg hacia la clínica de los Deux-Alices, el paseante atento quizás oiga algunos balidos. Picados de curiosidad, echará una ojeada a través del seto de arbustos que bordea la calle y verá con asombro un rebaño de corderos. Pastando tranquilamente a pocas decenas de metros de las otras viviendas, ofrecen una visión anacrónica muy refrescante.

Esta curiosa aparición se debe a la casa de reposo L'Olivier, en el 46 de la avenida Des Statuaires, casi en el cruce con la calle Groeselenberg. Las hermanas que administran la casa de reposo, que poseen varios terrenos alrededor de los edificios, han aprovechado la coyuntura para acoger un rebaño de una decena de ovejas.

No falta de nada: el pequeño establo, los cercados para evitar que molesten a los pacientes hasta el recinto de la casa, e incluso el pastor español que parece encontrar todo esto muy natural.

Para verlos, echen un vistazo detrás del seto de la calle Roeselenberg, enfrente del castillo, o entren en el número 46 de la avenida des Statuaires. Enseguida, a la derecha, un camino lleva hasta una casita en la que viven las hermanas que se ocupan de la casa de reposo. Si les piden autorización, quizá les sea posible acceder al prado.

QUÉ VER EN LOS ALREDEDORES

Camino de Boondael ⑮

El camino de Boondael, que llegando a la Avenue de l'Astronomie une la Avenue Julienne con la Avenue de l'Observatoire, es un caminito estrecho y largo bordeado de preciosas propiedades que pueden verse a través de la vegetación.

Camino de la Source ⑯

Bonito camino campestre que desciende de la calle Groeselenberg hasta llegar a la Avenue de Fré. Bordea el parque del castillo de Groeselenberg.

◀ *Carré Dewandeleer* ⑰
Rue Groeselenberg 228

Estas viviendas fueron realizadas después de la construcción del Palacio de Justicia en 1804 para realojar a los obreros que habían sido expulsados, de modo que fuera posible erigir el famoso edificio de Poelaert. Actualmente, forman un magnífico conjunto, no muy grande, de casitas que se aprietan las unas contra las otras.

CAMINO DEL CRABEGGAT

*Uno de los caminos empedrados más pintorescos
de Bruselas*

Avenue de Fré, Avenue Kamerdelle
Cómo llegar: Tranvías números 88, 41, 43 y 98, parada Héros

Este camino empedrado, relativamente ancho, es probablemente uno de los más pintorescos de Bruselas a pesar de ser más conocido que el de Delleweg, que no está lejos. Se abre, muy ampliamente, al cruce de Vieux Cornet con la avenida de Fré, donde se encuentra un restaurante. Tomen este camino, que sube hacia el bosque. Después de algunos minutos, aparece una bifurcación. Todo recto, el camino continúa hacia un puente que pasa por encima del camino. Objeto predilecto de numerosos ilustradores de Uccle, el puente se halla actualmente en mal estado y el trayecto natural del camino se encuentra cerrado. Para seguir detrás del puente suban por el margen derecho que lo rodea y llegarán enseguida a la Avenue Stroobant. Sin embargo, la parte del camino detrás del puente es menos agradable. Es preferible coger la bifurcación de la izquierda, que les llevará en pocos minutos a la avenida Kamerdelle. Siempre igual de agradable, bordea distintas propiedades privadas, así como un club de tenis a la derecha. A los lados, algunas farolas en mal estado que esperan a ser restauradas.

El club de tenis al que se puede acceder directamente desde el camino posee una terraza muy agradable en la que es posible tomar o comer algo. La vista de la terraza es muy relajante, da a la vez a los campos de tenis de tierra batida y a los árboles de alrededor. Ningún ruido de la ciudad consigue colarse aquí.

El paraje del Crabeggat fue declarado paraje protegido en 1989.

QUÉ VER EN LOS ALREDEDORES

Taller de Paul-Auguste Masui ⑲

Chemin du Crabeggat 4a
Tel: 02 374 63 12

Llamando con antelación, es posible visitar el antiguo taller de Paul-Auguste Masui, una reconstrucción con materiales de la época de un edificio flamenco del siglo XVIII. Allí, a partir de 1927 y hasta los años ochenta, apartado del mundanal ruido, Masui creó sus grabados sobre madera y sobre cobre, sus aguafuertes, sus litografías, sus pasteles, gouaches, acuarelas y óleos, y sus esculturas.

El lugar, gestionado por la fundación Isabelle Masui, está compuesto también por la que fue la habitación del artista, habilitada en las antiguas caballerizas del siglo XVII. Puede alquilarse para actividades culturales.

CAMINO AVIJL

Dense prisa en visitarlo: los proyectos inmobiliarios van a buen ritmo

Chaussée Saint-Job 70
Cómo llegar: tranvía número 43, parada Wansijn

El camino Avijl es uno de los caminos campestres más pintorescos de la comuna de Uccle. Comienza, según algunos planos, a la izquierda del número 70 de Chaussée de Saint-Job. Diríjanse a la Rue Jean Benaets y continúen algunos metros más adelante, a la derecha, antes de llegar a la cima de la meseta. La vista es asombrosa: frente a ustedes el camino se despliega, bordeado a la derecha por preciosas casas. A su derecha, el campo. Las huertas se suceden una tras otra, entre árboles y plantas silvestres. Si continúan por la meseta que recorre en paralelo el camino Avijl pero sentido inverso, llegarán, pasados unos minutos de seguir esa dirección, de nuevo Rue Jean-Benaets. Si continúan por el mismo sentido, pero a la inversa, del lado izquierdo, justo en la dirección contraria por la que venían, el campo se torna más denso y aparece el bosque, por lo que pueden comenzar un largo paseo. De vuelta por el camino propiamente dicho, continúen todo recto hasta llegar a la Vieille-Rue-du-Moulin.

Dense prisa en recorrer este entorno privilegiado, pues los promotores inmobiliarios están al acecho desde hace tiempo y los proyectos de parcelación van a buen ritmo.

Muy cerca, en la Rue de la Montagne-Saint-Job se puede visitar una bella callejuela en los números 66-80 y en el número 90, un pasaje encantador que desemboca en la Rue du Ham, en el número 51.

QUÉ VER EN LOS ALREDEDORES
Farolas inclinadas del Observatorio ㉑

Avenue Circulaire

Las farolas que están sobre las columnas que bordean la verja principal de entrada al Observatorio tienen una característica especial: su luz es canalizada con ayuda de unos paneles laterales con el fin de no molestar las observaciones nocturnas del Observatorio que está al lado.

Por desgracia, son los últimos vestigios de este particular ejemplo de mobiliario urbano. Antes, todas las farolas de la Avenue Circulaire respetaban a los astrónomos evitando toda contaminación lumínica, además de contribuir al refinamiento de las calles con su aspecto inclinado hacia el suelo, como el cuello de los cisnes. Sin embargo, estas farolas fueron reemplazadas por la municipalidad hace ya algunos años. Algo de la magia de la ciudad ha desaparecido con ellas... Probablemente fue una de esas farolas contra las que se golpeba Milou en una de las primeras viñetas de La estrella misteriosa, que se desarrolla en el Observatorio.

MONUMENTO A LOS GUARDAS FORESTALES

Un menhir para cada guarda forestal

Chemin du Grasdelle, cerca del cruce entre la Drève du Haras y la Avenue A. Dubois
Aparcamiento a la altura del primer lomo de burro en la Avenue A. Dubois viniendo de la Drève de Lorraine

El precioso valle de Grasdelle se extiende hasta los límites de Uccle y de Rhode-Saint-Genèse. Este pequeño valle, cuya hierba cortan regularmente con el fin de proteger su vegetación típica de los espacios abiertos, esconde un monumento a los muertos impregnado de espiritualidad y de recogimiento, alejado de las fanfarrias patrióticas. Este homenaje a once guardas forestales muertos en combate en la Primera Guerra Mundial se compone de once piedras erigidas, como menhires, alrededor de una puerta megalítica que recuerda a un dolmen.

Cada menhir perpetúa el nombre de cada uno de los guardas. El escultor Richard Viandier (1858-1949) erigió este monumento en 1920. Usó una piedra rara llamada pudinga de Wéris, una especie de conglomerado de cantos rodados unidos entre sí por un cemento natural que recuerda al cemento.

El bosque de Soignes

Durante siglos, el bosque de Soignes fue el lugar de ocio del deporte de príncipes por excelencia: la caza. Durante las sucesivas ocupaciones que sufrió el país, el bosque pasó de mano en mano, perteneciendo sucesivamente a los duques de Brabante, a los duques de Borgoña, a los Habsburgo, al Estado francés y a Guillermo I de Orange-Nassau. Luego vivió el periodo más oscuro de su historia cuando cayó en manos de la Société Générale pour Favoriser l'Industrie Nationale (Sociedad General para Favorecer la Industria Nacional), que cortó 7000 ha de árboles entre 1831 y 1843, antes de que el gobierno belga recuperase el bosque en 1843. Inicialmente fue un bosque de robles ingleses y en el siglo XVIII luego se convirtió en un bosque de hayedos durante el periodo austriaco, lo que explica su fisonomía actual de bosque-catedral. Ocupa el territorio de tres regiones nacionales: 1654 ha en la región de Bruselas, es decir 38% de su superficie total y casi una décima parte del territorio regional, el resto se reparte entre Flandes (56%) y Valonia (6%).

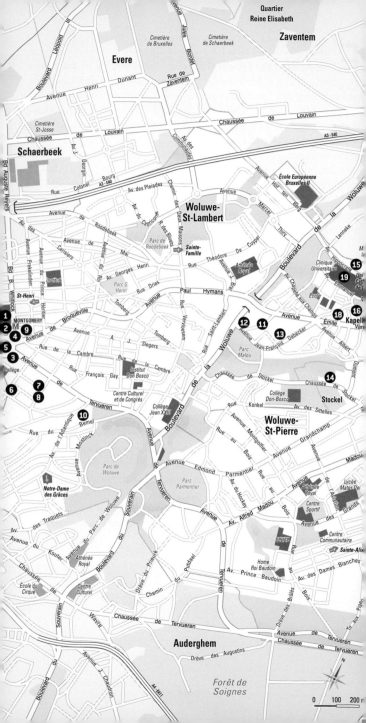

Woluwe-saint-pierre, Woluwe-saint-lambert

LE CASTEL DE LINTHOUT

Sumergirse en el neogótico

Avenue des Deux Tilleuls 2
Se puede visitar a veces si se pide amablemente
Cómo llegar: Metro o tranvía números 23, 24, 25, 39, 44 y 80, parada Montgomery

Situado en el recinto del Institut du Sacré-Cœur de Lindthout, Le Castel, nombre muy acertado, es una antigua residencia privada. El arquitecto de Gantes Florimond Vandepoele fue el encargado de construirla entre 1867 y 1869, y en 1898 el arquitecto Edmond De Vigne la transformó en lo que es hoy para el magnate de la industria Charles-Henri Dietrich, como así lo indica la inscripción en la fachada de la entrada. Dietrich vivió poco tiempo en la casa, prefiriendo el conocido priorato de Val Duchesse. En 1903, cedió la casa y su parque a las monjas del Sagrado Corazón de Lille. Más tarde el edificio quedó abandonado hasta que la comuna de Woluwe-Saint-Lambert lo compró en 2000 y pasó a ser la sede de la Academia de Música, Danza y Artes Escénicas. Increíblemente bien restaurado, este misterioso edificio ha conservado todo su interior neogótico. Oficialmente, el edificio no se puede visitar, pero si lo piden amablemente probablemente podrán echar un vistazo por dentro. Ya desde el vestíbulo la arquitectura neogótica marca el estilo del edificio, realzado por las pinturas que representan los lugares importantes del Woluwe-Saint-Lambert de antaño: el antiguo pueblo, el molino de Lindekemale, la Hoften Berg (una antigua granja de la abadía de Forest) y un estanque. A la derecha, el pasillo conduce al lugar estrella de Le Castel: el salón de baile, que sirvió de capilla (y se entiende por qué) a las monjas, es el lugar perfecto para los conciertos y los ensayos de la academia. Iluminado por un rosetón, el salón tiene un techo de madera en forma de casco de barco. Hay otras salas decoradas con un estilo similar, como la escalera principal o las salas de la primera planta (la sala "de las cerámicas", la sala "Renacimiento" o el "salón dorado"), pero ninguna tiene la magia del salón de baile.

QUÉ VER EN LOS ALREDEDORES
Murales de azulejos

②

Avenue Henri Dietrich 27

En la casa del número 27 de la Avenue Dietrich, dos grandes murales de azulejos representan a mujeres recogiendo flores. Realizados por la empresa Helman de Berchem-Sainte-Agathe, probablemente sobre un dibujo de Jacques Madiol, están en excelente estado de conservación. La casa, diseñada por el arquitecto A. Aulbur en 1906, posee además, en la fachada lateral, una magnífica marquesina de hierro forjado y vidrio.

LA CASA DE LA AVENUE DE TERVUEREN Nº 120

Muerte y resurrección de una casa

Cómo llegar: Metro o tranvía números 23, 24, 25, 39, 44 y 80, parada Montgomery

La casa de la Avenue de Tervueren nº 120 ha salido tanto en la prensa que hace poco se convirtió en el símbolo de los defensores del patrimonio.

Todo empezó como la típica historia belga. El 23 de octubre de 1991, la comuna de Woluwe-Saint-Pierre autorizó demoler esta mansión, diseñada al estilo *art nouveau* geométrico en 1906 por el arquitecto Paul Hamesse, para construir en su lugar un edificio de tiendas, oficinas y apartamentos diseñado por el arquitecto Marc Corbiau. La opinión pública se indignó, se firmaron peticiones y, el 26 de marzo de 1996, se publicó un decreto para detener el derribo por razones de conservación del patrimonio histórico (fachada y tejado). Demasiado tarde: el edificio fue demolido deprisa y corriendo…

La noche del 21 de mayo de 1993, una grúa tiró la fachada sobre un lecho de arena. Recuperaron los elementos de piedra azul de la fachada para reutilizarlos. Al quedar dañados durante la demolición, tuvieron que restaurarlos y guardarlos en un almacén de la comuna. Hoy, la casa ha sido reconstruida y ha recuperado, al menos en la fachada, su antiguo prestigio…

QUÉ VER EN LOS ALREDEDORES
ICHEC ④

Boulevard Brand Whitlock 2

En los años 1910 muchos aristócratas eligieron vivir en el Boulevard Brand Whitlock por lo que mandaron construir su mansión, cada cual más increíble. Pero las costumbres cambian con los tiempos y, en 1962 se transformó el nº 2, en la esquina del Square Montgoméry, para albergar las oficinas y las aulas del Institut Catholique des Hautes Écoles Commerciales (ICHEC). Se puede acceder al vestíbulo y a la escalera durante las horas de clase del instituto. A veces se puede echar un discreto vistazo. Se conserva la decoración original, testigo del pasado de esplendor de esta mansión diseñada por el arquitecto Dufas en 1912. La escalera de piedra está iluminada por las vidrieras y sus rellanos están decorados con un espléndido mosaico de mármol, que es un verdadero placer para la vista.

LA SILLA ALTA DEL SQUARE MONTGOMERY

¡Un poco de altura, diantres!

Obra de arte de Peter Weidenbaum y poema de Agnieszka Kuciak
Square Montgomery, del lado del Boulevard Saint-Michel
www.versbruxelles.be
Cómo llegar: Metro o tranvía números 23, 24, 25, 39, 44 y 80, parada Montgomery

La escultura parece estar tan fuera de lugar en esta plaza, que mucha gente no la ve. En el eje del Boulevard Saint-Michel, mirando en dirección al Square Montgomery, una estrecha silla de acero inoxidable de 4 metros de altura domina todo el barrio, aportando un agradable cambio al ajetreado tráfico y a la agitación general de los eurócratas, estudiantes y diplomáticos. A los pies de este trono surrealista, un poema describe el lugar y aporta algo de alma tan necesaria a la plaza. Esta instalación, colocada en julio de 2008, es el fruto de una reflexión sobre el barrio de la poetisa Agnieszka Kuciak y del artista Peter Weidenbaum... En el marco del proyecto Vers Bruxelles, la asociación literaria bruselense Het Beschrijf reunió a estos dos artistas con el objetivo de añadir un poco de poesía en la rutina diaria. Desde 2008, doce obras poéticas de este tipo, resultado de colaboraciones entre poetas y artistas plásticos, han cobrado vida por toda la ciudad, desde el centro hasta Molenbeek, Anderlecht y Forest.

QUÉ VER EN LOS ALREDEDORES

Casas diseñadas por el arquitecto Jean de Ligne ⑥
Rue Maurice Liétard 30-32, 34, 44, 52, 56-58, 62 y 64

El vecindario que está alrededor del colegio Saint-Michel esconde pequeños tesoros arquitectónicos. De 1912 a 1923, el arquitecto Jean de Ligne diseñó siete casas en la Rue Maurice Liétard. Sencillas a primera vista, sus fachadas ya anuncian la estricta geometría del *art déco* y presentan detalles interesantes, como las vidrieras, en un estilo marcado por la arquitectura holandesa de la época (ladrillos, persianas de madera).

Casa-taller de Émile Fabry ⑦
Rue du Collège Saint-Michel 6

El pintor simbolista Émile Fabry vivió en el número 6 de la Rue du Collège Saint-Michel. La sobria casa, diseñada por el arquitecto Émile Lambot en 1902, destaca por el gran ventanal del taller y la pequeña puerta en la parte de arriba por la que se sacaban los monumentales lienzos del artista. A ambos lados de la puerta de entrada, unos relieves de terracota llaman la atención.

Taller de Philippe y Marcel Wolfers ⑧
Avenue Roger Vandendriessche 28ª

Una preciosa reja de hierro forjado de líneas vegetales típicas del *art nouveau* señala el antiguo taller de Philippe Wolfers, célebre escultor y orfebre bruselense, y de su hijo Marcel, también escultor. El arquitecto Émile Van Nooten diseñó la casa en 1906.

EL INSÓLITO RECORRIDO DEL TRANVÍA 44

Viajar en tranvía a través del bosque

Salida: estación Montgomery (metro o tranvía números 23, 24, 25 y 80)
Llegada: estación Tervueren
Información sobre los tranvías históricos en www.trammuseumbrussels.be o
llamando al 02 515 31 08

En tranvía, solo se tarda 22 minutos en llegar a Tervueren desde el Square Montgomery. El tranvía circula primero a gran velocidad sobre las vías situadas entre los árboles seculares de la Avenue de Tervueren y luego cruza una parte del bosque de Soignes. Esta línea, de unos 10 km de largo, es realmente única en el mundo, máxime sabiendo que fue Su Majestad Leopoldo II quien ordenó su construcción. Se construyó en 1897 con motivo de una exposición internacional para comunicar dos lugares, el Palacio del Cinquantenaire y el castillo de Tervueren, dos conjuntos arquitectónicos deseados por el augusto soberano.

Siéntense en los asientos del lado izquierdo del tranvía. Desde las primeras paradas, admiren el estilo pintoresco de las marquesinas que datan de la época en que se abrió la línea. Justo después del Square Léopold II, no se pierdan el austero y celebérrimo palacio Stoclet, diseñado en 1905 por el arquitecto vienés Josef Hoffmann.

Luego, en la esquina con la Avenue Jules César, admiren la pureza de las líneas de la modernista y original casa Gombert (arquitecto Huib Hote, 1933). El tranvía desciende entonces por el parque de Woluwe, creado al mismo tiempo que la avenida por el paisajista francés Émile Laîné. En la parada Musée du Tram, en el lado derecho esta vez, las antiguas cocheras del tranvía han sido transformadas en el museo del Transporte Urbano.

El tranvía pasa luego por debajo de una elegante pasarela (arquitecto P. Blondel, ingeniero L. Ney), una antigua vía de tren transformada en paseo. El tranvía sigue su trayecto por la avenida, con el Parc Parmentier a la derecha y los estanques Mellaerts a la izquierda. También a la izquierda se extiende el opulento y tranquilo barrio de Trois Couleurs. Justo antes de que el tranvía entre en el bosque de Soignes, pasa delante de la encantadora escultura de una niña y un árbol, titulada *La cuadratura del árbol* (Th. Cotteau, 1995).

El tranvía entra luego en el Brabante flamenco y se detiene siete paradas más lejos, a 300 m del precioso museo de África Central de Tervueren. Si no les entusiasman los tranvías amarillos de la STIB, sepan que pueden tomar el histórico tranvía que va del museo del Transporte Urbano en Tervueren desde el primer domingo de abril hasta el último domingo de octubre, entre las 14.00 h y las 18.00 h. Los sábados, el tranvía sale cada 75 minutos y el domingo, cada 50 minutos.

BIBLIOTHECA WITTOCKIANA

Libros y sonajeros

Rue du Bemel 23
Tel.: 02 770 53 33
Abierto de martes a sábado de 10.00 h a 17.00 h. Cerrado festivos
www.wittockiana.org
Cómo llegar: Tranvías números 39 y 40, parada Chien Vert

Aquí encontrarán una de las colecciones de encuadernaciones y libros de gran formato más grande del mundo. A los 14 años de edad, Michel Wittock compró su primer libro en una librería de segunda mano de la Rue de la Madeleine y ahí su pasión por coleccionar libros despertó. Hoy, a sus 70 años, este fabricante jubilado posee una de las colecciones de encuadernaciones y libros de gran formato más bonita del mundo.

En 1981, Michel Wittock inauguró la Bibliotheca Wittockiana, un museo destinado a acoger y presentar sus fantásticas adquisiciones. Obra del arquitecto Emmanuel de Callatay, este pequeño museo, que en sus inicios solo tenía una planta y abría sus puertas a algunos amigos y privilegiados, ganó importancia con el paso de los años y hoy abre al público. En 1995, se inició la ampliación del museo, a cargo del mismo arquitecto, Callatay, y del hijo de Michel, el arquitecto Charly Wittock.

El resultado es un edificio particularmente interesante cuya planta baja, bastante opaca, hecha de cemento bruto y de piedra azul, contrasta con una planta con amplios ventanales que alberga la biblioteca, visible desde la calle. Con el tiempo, el coleccionismo del señor Wittock adquirió una nueva dimensión.

Lo que empezó como una búsqueda apasionante y erudita de libros antiguos se convirtió en un enfoque más sereno de un mecenas, lo que le animó a encargar encuadernaciones a artistas contemporáneos. La Wittockiana posee unas 5000 obras valiosas, desde encuadernaciones y manuscritos hasta autógrafos y libros-arte, que se muestran al público durante las exposiciones que organiza el personal del museo, bajo la dirección del propio Michel Wittock.

El personal del museo es muy activo y cada año organiza tres o cuatro exposiciones, a menudo relacionadas con la actividad cultural de Bruselas (consultar la web para conocer el calendario de exposiciones).

Una colección insólita de sonajeros

El edificio de la biblioteca también alberga una colección insólita y original de sonajeros. Considerados como el juguete más viejo del mundo, estos juguetes para bebés no dejaron de evolucionar con los años acorde con los avances tecnológicos y las clases sociales. El museo conserva 500 sonajeros, algunos datan de dos mil años a. C. y otros hacen parte de una exposición permanente al fondo del edificio.

CAPILLA DE MARÍA LA MISERABLE ⑪

Las desgracias de María

Avenue de la Chapelle
Abierto todos los días de 7.30 h a 18.00 h
Información: 02 770 30 87
Cómo llegar: Metro Vandervelde

A unos metros de la Avenue Émile Vandervelde, el tiempo se ha detenido. Modesta y olvidada, la capilla de Marie-la-Misérable es sin duda el santuario más conmovedor de Bruselas. Construida en el siglo XIV, se la reconoce por la torrecilla que se eleva en el centro de su tejado.

La parte trasera de la capilla comunica con la antigua casa del capellán, sus líneas esbeltas y góticas rivalizan con los viejos árboles que la bordean. Un jardín diseñado por el paisajista René Pechère en 1975 rodea la capilla.

No duden en empujar la puerta de este viejo santuario. La nave, oscura y con un solo pasillo, tiene un banco de piedra adosado a una de sus paredes y está separada del coro por una estructura de roble. En el coro, un retablo de 1609 presenta a una Virgen de los Siete Dolores en el centro y la historia de María la Miserable en los paneles laterales, a modo de historieta. María la Miserable solo deseaba una cosa: rezar y vivir de la caridad. Pero un día, un joven adinerado quiso seducirla. Rechazado, se vengó colocando un objeto valioso en la bolsa de la joven. La acusó del robo y la condenaron a ser enterrada viva. Esta pequeña iglesia se construyó donde tuvo lugar de su martirio.

Una pequeña capilla lateral custodia un curioso objeto oblongo de roble: un tronco de 1574 destinado a albergar las ofrendas de los peregrinos que durante siglos vinieron a rezar cerca de las reliquias de la joven.

QUÉ VER EN LOS ALREDEDORES

Molino de Lindekemale y chemin du Vellemolen ⑫
Avenue Jean-François Debecker 6

Movido por las aguas del Woluwe, el molino de agua de Lindekemale, cuyos orígenes se remontan al siglo XII, es uno de los más antiguos de la región de Bruselas. Durante siglos se usó para moler grano, antes de convertirse en un molino de papel en el siglo XIX. Catalogado monumento histórico en 1989, se yergue modesto frente al impudente centro comercial Woluwe: dos imágenes de la ciudad se enfrentan aquí. Del otro lado de la Rue Jean-François Debecker, un antiguo camino sigue el río Woluwe y se une con la Avenue Émile Vandervelde. El agua del río, flanqueado por una exuberante vegetación autóctona, es particularmente pura aquí.

EL MINIGOLF DE WOLUWE-SAINT-LAMBERT

Decididamente retro

Avenue Jean-François Debecker 54
Tel.: 02 770 34 01
Abierto todos los días de 11.00 h a 18.00 h (salvo los lunes) de abril a
septiembre - En temporada baja (salvo diciembre y enero), abre únicamente los
miércoles y los fines de semana de 11.00 h a 16.00 h
Precio: 5€/4€/3€
Cómo llegar: Autobús número 28, parada Stade Fallon. Autobús número 42,
parada Voot

Curiosamente, el área más grande de Bruselas posee todavía cinco minigolfs (además de este, los de Schaerbeek, Jette, Woluwe-Saint-Pierre y Anderlecht).

Después del de Schaerbeek, creado en 1954 por el célebre paisajista René Pechère en la zona inferior del Parc Josaphat, los otros le siguieron rápidamente a finales de los años 1950 o a principios de los años 1960, demostrando así el increíble éxito de este "deporte" típico de los cámpines al borde del mar. La mayoría de estos minigolfs se construyeron por encargo de las administraciones comunales, preocupadas por apuntarse a la moda de este ocio, satisfacer las expectativas de los ciudadanos y a la vez invertir bien el dinero de las arcas municipales ya que este tipo de instalaciones son muy rentables a corto plazo. El minigolf de Woluwe-Saint-Lambert, con sus tradicionales 18 hoyos, está especialmente bien cuidado y se caracteriza por tener unos campos cubiertos por una alfombra verde. En verano hay un café abierto al aire libre. Su ambiente y su maravilloso diseño años 50 hacen que sea uno de los lugares imperdibles de Bruselas.

QUÉ VER EN LOS ALREDEDORES

La galería de préstamo de obras de arte en el Château Malou ⑭

Chaussée de Stockel 45
Tel.: 02 726 21 05
www.gpoa.be
Abierto jueves y viernes de 9.30 h a 12.30 h y de 13.30 h a 17.30 h. Sábados de 9.00 h a 17.00 h

El Château Malou, cuyas líneas neoclásicas dominan el Boulevard de la Woluwe, se erigió en 1776. Construido por encargo de un comerciante y habitado por ministros, la elegante residencia acabó siendo comprada por la ciudad en 1951. En 1972, se abrió una galería particularmente original en las plantas superiores del castillo en la que es más interesante pedir prestadas las obras que comprarlas. Presentadas en altos soportes metálicos, las obras (¡más de 2000!) son, en su mayoría, de artistas belgas vivos, lo que ofrece una amplia y característica selección de la creación contemporánea belga. Haciéndose socio (30,99 €/año) puede llevarse en préstamo pinturas, esculturas, grabados o vídeos del artista de su elección durante uno, dos o tres meses. Además, la GPOA también organiza exposiciones y publica una revista trimestral, *Artransit*, sobre el arte en Bélgica.

EL TRABAJO DEL HOF TER MUSSCHEN

Participar en el mantenimiento de un paisaje

Abierto el primer sábado de mes de 10.00 h a 16.30 h, en la esquina de la Avenue Hippocrate y del Boulevard de la Woluwe
www.cebe.be
Cómo llegar: Metro Alma o autobuses números 42 y 79, parada Hof ter Musschen

Desde hace ya dos años el Hof ter Musschen está gestionado y habitado por un grupo de apasionados que conforman la asociación Commission de l'Environnement de Bruxelles et Environs, cuya abreviatura es CEBE, y uno de sus principales objetivos es mantener la diversidad biológica en Bruselas.

El Hof ter Musschen (la granja de los gorriones), que se puede ver desde el Boulevard de la Woluwe que pasa por debajo, es una reliquia del paisaje rural de Brabante. Situado de un modo delicioso y surrealista en medio de la ciudad, ocupa unas diez hectáreas en la parte más baja de la ribera este del río Woluwe. El Hof ter Musschen tiene varios edificios con un rico patrimonio cultural, algunos edificios históricos y la mayoría no gestionados por la CEBE. Entre ellos hay una preciosa granja –cuadrada, en activo hasta ¡1979!, cuyas partes más antiguas se remontan al siglo XV, desgraciadamente demasiado restauradas–, un molino montado y desmontado varias veces y un henil con un horno de pan.

El lugar no solo destaca por sus edificaciones antiguas sino también por su paisaje variado: praderas, praderas húmedas, huertas, bosques y caminos hundidos.

Cada primer sábado de mes, durante todo el año, la CEBE invita a todas las personas de entre 7 y 77 años (y más) a participar en las labores de mantenimiento de este lugar. Establecidas siguiendo un plan de gestión ecológica, estas labores son particularmente necesarias ya que protegen la diversidad de la fauna y de la flora de este lugar y evitan que estos parajes únicos sean una simple zona boscosa.

Así pues en verano se siegan las praderas. Los amantes de las imágenes folclóricas (en general, los que hacen esto por primera vez) elegirán la hoz, mientras que los más realistas preferirán la máquina cortadora. En otoño y en invierno, se talan algunos árboles, se podan otros, se recortan los setos y se cortan las cimas de los sauces. A veces hay cuatro o cinco voluntarios; otras veces son una quincena los que viven esta experiencia útil y fuera de lo común.

En un orden más práctico, sepan que están cubiertos por un seguro y la bebida es gratis. Sin embargo, lleven ropa de trabajo y botas, por si llueve, y comida.

EL JARDÍN DE PLANTAS MEDICINALES DE PAUL MOENS

La corte de los milagros

Entre la Avenue Emmanuel Mounier y la Avenue de l'Idéal
El parque abre del 1 de abril al 31 de octubre de 9.00 h a 18.00 h
Entrada gratuita - Información: 02 764 41 28 o info-jardins@uclouvain.be
Visitas guiadas, previa reserva, a las 14.00 h el último domingo de mes o según
petición - Duración: unas 2 horas - Precio: 2,50 €
Cómo llegar: Metro Alma o Crainhem

A la usanza de los jardines medievales de plantas medicinales, la universidad de Louvain-en-Woluwe posee un maravilloso recinto de media hectárea en el centro de un jardín de esculturas.

Aquí, en varias parcelas, hay 400 especias, plantas medicinales, alimenticias o tóxicas, tanto terrestres como acuáticas.

Este jardín vallado, abierto en 1975, es el resultado del trabajo duro y entusiasta del profesor Paul Moens y de numerosos voluntarios. Una pequeña placa indica el nombre de cada planta en latín y su denominación común en francés.

El color de la placa indica la toxicidad de la planta: blanco, cuando la planta es considerada no tóxica en dosis normales, amarillo, cuando contiene algunas sustancias tóxicas y rojo (hay pocas), cuando la planta es mortal y peligrosa de manipular. Aunque la mayoría de las plantas son reconocibles, se desconocen a menudo sus virtudes. Las propiedades de cada planta se describen con uno o varios adjetivos, a veces difíciles de comprender para el común de los mortales.

Por ejemplo, un antihelmíntico provoca la erradicación de las lombrices intestinales; un astringente retrae los tejidos; un carminativo ayuda a expulsar los gases intestinales; un colerético estimula la secreción biliar, un hemostático detiene una hemorragia, un estomático favorece la digestión y un vulnerario cura las heridas…

QUÉ VER EN LOS ALREDEDORES

Monastère de la Visitation ⑰

Avenue d'Hébron 5 (Crainhem)

Desde la Avenue Hippocrate, cerca de la entrada del aparcamiento con el mismo nombre y enfrente de la Descente de la Dunette, un sendero escondido lleva clandestinamente a Flandes. En la frontera entre Crainhem, Zaventem y Woluwe, un convento de estilo *art déco*, construido a finales de los años 1920 por el monje arquitecto Dom Bellot, ilustra maravillosamente las potencialidades arquitectónicas del ladrillo. Las salesas, una orden de monjas de clausura, siguen viviendo en el convento. Solo la capilla está abierta al público para la misa dominical de la mañana. La capilla en forma de L permite mantener los asientos de las religiosas ocultos al público.

CITÉ-JARDIN DU KAPELLEVELT

Los estilos difieren, pero reina la armonía

A ambos lados de la Avenue Émile Vandervelde, las avenidas siguientes : de
l'Idéal, du Rêve, du Bois Jean, de la Semois, de la Lesse, de la Claireau, Albert
Dumont y de Marcel Devienne
Cómo llegar: Metro Vandervelde

Las ciudades-jardín se suelen encontrar a menudo en los límites del
segundo cinturón de los suburbios de Bruselas. Situado en el borde del
campus de Louvain-en-Woluwe y en la frontera de Crainhem, el complejo
residencial de Kapelleveld fue diseñado por el urbanista y paisajista Louis
Van der Swaelmen, también autor de los planos de las famosísimas
ciudades-jardín de Logis y de Floréal en Watermael-Boitsfort (que tienen
que visitar si aún no lo han hecho). Aquí, las casas se extienden sobre una
sobria alineación de calles, perpendiculares a la Avenue Vandervelde que
atraviesa el complejo y que existía antes de la ciudad-jardín. De 1922 a
1926, cuatro arquitectos vanguardistas –Huib Hoste, Antoine Pompe,
Jean-François Hoeben y Paul Rubbers– diseñaron 449 casas de 19 tipos
diferentes. Los estilos difieren según las tendencias arquitectónicas de cada
uno de estos arquitectos. Así pues, de una calle a otra, el ambiente pasa
de tener un estilo más modernista, con hileras de fachadas abstractas y
planas bajo tejados planos, a un estilo más "convento beguino" de casas
con grandes tejados de tejas. A pesar de estas diferencias de concepto, el
conjunto es muy coherente gracias a la sabia distribución y al tamaño de
los espacios verdes previstos por Louis Van der Swaelmen: cada casa tiene
un pequeño jardín que da a la calle y un gran jardín en la parte trasera. El
complejo de Kapellevelt sigue perteneciendo a la cooperativa de inquilinos
que financió el proyecto y está muy bien conservado. Es una lástima que las
ventanas de madera originales hayan sido sustituidas por ventanas de PVC.
Un auténtico espíritu de unidad reina en este lugar desde su inicio, que se
materializó, en 1934, con la creación del Kapelleveld Civic Centre, cuya
principal preocupación es el bienestar físico e intelectual de sus residentes.

CAMPUS UCL

Una extraordinaria experiencia arquitectónica y humana

Woluwe-Saint-Woluwe
Cómo llegar: Metro Alma

Curiosamente, muchos bruselenses ignoran que, cuarenta años atrás, Louvain-en-Woluwe fue el escenario de una extraordinaria experiencia arquitectónica y humana. Como resultado de los acontecimientos de mayo del 68 y sobre todo de la crisis "Walen buiten", que causó la escisión de la antigua universidad de Lovaina, la UCL decidió poner la Facultad de Medicina en Woluwe-Saint-Lambert, al lado de la ciudad de Louvain-La-Neuve. Con el fin de construir la mayoría de los edificios destinados a los estudiantes (residencias, cafeterías universitarias, tiendas y oficinas administrativas, estación de metro, guarderías y una escuela primaria), las autoridades académicas contrataron, con la aprobación de los estudiantes, a un arquitecto maravillosamente turbulento, Lucien Kroll. La idea central de su proyecto consistió en iniciar una participación creativa con los futuros residentes para "construir un estilo de vida en vez de unos planos precisos". Lejos de tener el ambiente frío de los edificios estandarizados, el centro del campus de Louvain-en-Woluwe lleva el sello de ese comienzo creativo. Aunque el proyecto no concluyó del todo (de los 40 000 m² previstos, el estudio Kroll solo llevó a cabo la mitad a raíz de las diferencias de opinión con la UCL), la inteligencia revolucionaria del proyecto –su lado lúdico e intencionadamente infantil– es claramente visible en este feliz desorden que habría encantado a Antoni Gaudí. Para apreciar plenamente el proyecto en su totalidad, vayan en metro y bajen en Alma. Aquí, no encontrarán obras de arte añadidas solo para animar el lugar sino una estación que es una obra de arte en sí misma con sus postes de cemento que parecen un bosque de colores y texturas, y su andén en forma de acera que constituye una especie de peristilo que lleva al campus. Frente a la estación, unos edificios se elevan y caen a la vez, escapando milagrosamente a toda racionalidad, en un enredo casi medieval de marcos, tablillas y placas de Eternit, y salpicados de todo tipo de terrazas.

Uno de los edificios se llama "Mémé" (abreviatura de *maison médicale*, o edificio médico), mientras que el otro se llama pomposamente "Mairie" (ayuntamiento). Caóticos por fuera –recuerdan tanto a un barrio de chabolas como a un cuadro abstracto– resultan ser laberínticos por dentro. Los distintos lugares de paso difuminan los límites habituales entre fuera y dentro. Además, estos lugares de paso no siempre están en el mismo sitio y pueden variar según los cambios de uso de los espacios, gracias a los tabiques móviles y plegables.

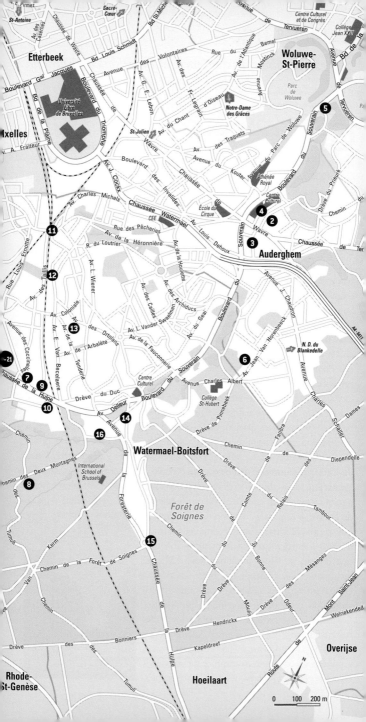

Auderghem
Watermael-Boitsfort

EL CASTILLO DE TROIS-FONTAINES ①

Dos castillos perdidos en el bosque...

Château de Trois-Fontaines
Chaussée de Wavre 2241
Cómo llegar: Autobús número 72, parada ADEPS

El castillo de Trois-Fontaines, o al menos lo que queda de él, está al final de la Chaussée de Wavre, bajo el viaducto de la autopista que va en dirección al cruce Léonard. A la izquierda, el fondo de valle bañado por un estanque se ve enaltecido por la presencia de esta antigua residencia de mampostería de piedra blanca y ladrillos, con ventanas de parteluces.

Abandonado a su suerte durante la ocupación francesa, el castillo cayó en ruinas. Hoy, solo queda el cuerpo de edificio principal del siglo XVI, cuyo interior aún conserva una antigua chimenea gótica y un banco de piedra empotrado en el muro.

Era en este rincón del mundo oscuro y húmedo donde, en el siglo XVI, se encerraban a los bandidos, ladrones y cazadores furtivos. De vez en cuando, también se usaba para alojar a los guardas de caza o guardabosques (de hecho, Bruxelles-Environnement se sigue ocupando de este lugar).

Subiendo por el Chemin des Trois Couleurs hacia la parte alta del castillo de Trois-Fontaines, y girando luego a la derecha por el Chemin de Blankedelle, llegarán a la Avenue Charles Schaller, donde, en el número 54, verán, en la linde del bosque, el imponente castillo de la Solitude.

Este castillo se construyó en 1912 para Su Alteza Serenísima, la princesa Marie Ludmilla d'Arenberg. Aquí, la viuda inconsolable del duque Charles-Albert de Croÿ, se dedicó a la protección de los animales que alojaba en su suntuosa y solitaria propiedad. Mandó incluso construir un cementerio para ellos.

Diseñado en el estilo *Beaux Arts* por el arquitecto François Malfait, el castillo actualiza el estilo Luis XVI con la blancura de sus fachadas y su estricta simetría. Hoy sede de la Federación Internacional de Deporte Universitario, el castillo ha sido extraordinariamente restaurado tras años de abandono. Aunque no se suele visitar, pueden echar un vistazo al vestíbulo pidiéndolo amablemente en horas de oficina.

RUE DE LA PENTE Y RUE DU VERGER ②

Jugar al escondite con el viejo pueblo

Cómo llegar: Metro Hermann-Debroux o autobús número 34, parada Bergoje

Auderghem tiene un pasado rural y modesto, que, aunque está bien oculto, aparece aquí y allá. En los alrededores de la Chaussée de Wavre, en dos minúsculas callejuelas situadas entre la Rue des Villageois a un lado y la Rue du Vieux Moulin al otro, encontrarán la Rue de la Pente y la Rue du Verger. Estrechas, peatonales y mal asfaltadas, estas dos antiguas carreteras parecen fuera de lugar, pero son testigos del Auderghem de antaño.

La Rue de la Pente es la más pequeña y la más pintoresca de las dos, ya que las casas de la Rue du Verger son de un periodo más tardío, siendo algunas de los años 1920. Desde el siglo XVIII hasta principios del XX, el pueblo de Auderghem ocupaba estas calles y toda la colina.

Llamada en otros tiempos *loozenberg* (colina de los piojos), esta colina de apodo poco halagador fue sustituida hace un siglo por Bergoje, una versión local de la palabra flamenca *verguiza* (casas sobre la colina). De hecho, esta colina, que la antigua Chaussée de Wavre atravesaba, estaba salpicada de pequeñísimas casas de obreros y jornaleros; muchas de las que quedan en pie son de finales del siglo XIX. A ambos lados de la Chaussée de Wavre, entre los números 1800 y 1900, hay unos callejones sin salida donde se encuentran más casas de este tipo.

QUÉ VER EN LOS ALREDEDORES
Parc du Bergoje ③

Rue Jacques Bassem, frente a la calle Paul Vereyleweghen

Este pequeño parque bordeado de edificios de oficinas se construyó en 1994 por encargo del organismo Bruxelles-Environnement, pero antaño era parte del bosque de Soignes. Un riachuelo corre por él, el Roodkloosterbeek, que como su nombre indica, lleva al Rouge-Cloître (claustro rojo), después de cruzar la Chaussée de Wavre.

LAS OBRAS DE ARTE DE LA SEDE DE AXA ④

Un auténtico museo de arte contemporáneo

AXA
Boulevard du Souverain 25
Abierto de lunes a viernes en horario de oficina
Cómo llegar: Tranvía número 94, parada Tenreuken

El edificio que preside orgulloso el Boulevard du Souverain 25 es la antigua sede de la compañía de seguros La Royale Belge, convertida en AXA en 1999. Proyectado en 1966 por un tándem de arquitectos franco-belgas, René Stapels y Pierre Dufau, tiene forma de una inmensa cruz de ocho plantas y descansa sobre una majestuosa base de vidrio que se refleja en un espejo de agua que rodea el edificio, en una insólita mezcla a gran escala de acero y vidrio reflectante. En 1985, el mismo tándem de arquitectos diseñó el gran edificio adyacente, unido al edificio de AXA por una pasarela de cristal.

El parque que alberga esta obra de arte bruselense de la arquitectura de posguerra está abierto al público. Diseñado por el paisajista Jean Dologne, está salpicado de esculturas y embellecido con amplios estanques de agua drenada de los pantanos del valle de Woluwe. El vestíbulo de Axa ofrece unas vistas únicas de este paisaje verdoso y también está abierto al público en horario de oficina. Una inmensa escultura-biombo de cobre patinado domina este espacio de mármol blanco, rodea un auditorio y se desvanece como los bordes de un libro (el presidente de La Royale Belge, que financió esta obra, era un bibliófilo). Esta obra del artista parisino Pierre Sabatier no es la única que decora el vestíbulo. En los últimos años, AXA se ha lanzado en la adquisición de obras de arte contemporáneas. El vestíbulo central está decorado con lienzos de Carla Acardi y de Sol Lewitt, y con esculturas de Tony Cragg, Mimmo Paladino, Marcant, David Nash y Donald Baecher.

QUÉ VER EN LOS ALREDEDORES
La casa del arquitecto Henri Lacoste ⑤
Avenue Jean Van Horenbeeck 147

Aunque no es muy conocido, Henri Lacoste (1885-1968) fue un importante arquitecto belga. Profesor, arqueólogo y creador, este arquitecto trabajó esencialmente en el periodo de entreguerras, aportando al *art déco* una imaginación alimentada de exotismo, sueño y refinamiento. Su casa, que data de 1926, es una prueba de su arte (no duden en echar un vistazo a la fachada lateral izquierda). Aunque parecen bastante sencillas a primera vista, las fachadas tienen miles de detalles que mezclan elementos griegos, asirios, medievales, renacentistas y *art déco*. El toque final, casi infantil, es el gran saltamontes que decora el arco de la puerta.

ANTIGUO HIPÓDROMO DE BOITSFORT

Un campo de golf de 9 hoyos en medio de la ciudad

Chaussée de la Hulpe 53A
Cómo llegar: Tranvía número 94, parada Hippodrome Boitsfort

Aunque sus accesos están cerrados con candado, se puede entrar en el antiguo hipódromo de Boitsfort por el bosque de Soignes (sigan la Drève de Fort-Jaco o la Drève du Caporal pasando por debajo de los bordes de la pista) o, de una manera menos ortodoxa, por la entrada del golf situada en la Chaussée de la Hulpe 53A.

Aunque lo llaman "de Boitsfort", el hipódromo está situado al 98% en el territorio de Uccle y pertenece a la región de Bruxelles-Capitale. Y aunque lo llaman "hipódromo", no se han vuelto a ver caballos desde hace muchísimos años. Con la excepción de algunos eventos ocasionales –circos, ferias de antigüedades, ferias de jardinería, etc. –, el centro de su enorme pista circular alberga un campo de golf desde 1998. El campo no es muy grande, claro (9 hoyos), pero ¡está en medio de la ciudad! Por regla general, todo el mundo puede entrar para tomar algo o almorzar.

El hipódromo en sí vale el desvío, tanto sus edificios abandonados como la proximidad del bosque de Soignes (zona Natura 2000) le dan cierto encanto. Se construyó en 1875 sobre los planos del paisajista Édouard Keilig, que también diseñó el bosque de la Cambre. Con el tiempo, se construyeron estructuras adicionales: las gradas, los establos y el cuarto de básculas ilustran aún el ecléctico estilo de finales del siglo XIX, mientras que la pequeña torre de control es atrevidamente moderna. Aunque estos edificios están en ruinas y son peligrosos, aún se mantienen en pie.

QUÉ VER EN LOS ALREDEDORES
Sitio neolítico ⑦
Cruce del Chemin des Tumuli y del Chemin des Deux-Montagnes
Frente a la Avenue des Coccinelles, una pequeña carretera se adentra en el bosque. Sigan por Drève du Comte, bajen hacia el estanque y luego tomen el Chemin des Tumuli. Justo antes del cruce con el Chemin des Deux-Montagnes, se encontrarán en pleno periodo neolítico. Hacia 2000 a. C., este lugar estaba habitado y, en el cruce de ambos caminos, los túmulos dispuestos en forma de cuarto de círculo irregular y colocados paralelamente unos a otros albergarían sepulturas prehistóricas.

SEDE DE LA EMPRESA GLAVERBEL ⑧

El secreto del anillo

Chaussée de la Hulpe 166
Cómo llegar: Tranvía número 94, parada Coccinelles

En los años 1960, Glaverbel fue una de las primeras grandes empresas en irse del centro de la ciudad e instalarse a las afueras de Bruselas. Esta decisión dejó huella y ocasionó un fuerte aumento de la arquitectura terciaria a lo largo de la Chaussée de la Hulpe y del Boulevard du Souverain.

El edificio, que se hizo mítico rápidamente, es obra de un grupo de arquitectos formado por Renaat Braem, André Jacqmain, Victor Mulpas y Pierre Guillisen.

Las fachadas mezclan de un modo totalmente sorprendente el material más bruto que existe, desde la piedra azul mal escuadrada hasta el vidrio. Esta unión de contrarios se conmemora en la forma del edificio: un gran anillo. En correlación con el bosque vecino, la naturaleza de alrededor destaca a la vez fuera, con las fachadas reflectantes, y dentro, con la presencia de un parque auténtico en el centro de la estructura. En horario de oficina, se puede entrar en la planta baja y dar una vuelta alrededor de este amplio jardín cubierto que redefine las relaciones habituales entre el interior y el exterior.

EN LOS ALREDEDORES

Sede de Cimenteries et Briqueteries Réunies (CBR) ⑨

Chaussée de la Hulpe 185

Construido en 1967, este edificio condensa los años 60: hay algo de James Bond, aires de conquista del espacio y un toque de los labios de Marilyn. Pero también tiene un 'algo más', que no entra en ninguna categoría, una sensación de extrañeza y de belleza cautivadora. De un blanco brillante, la forma escapa, casi espectral. Este edificio, sede central de CBR (una empresa de cementos y ladrillos), debía alabar las potencialidades técnicas y expresivas del cemento. El arquitecto Constantin Brodzki empezó pues con un módulo prefabricado, moldeado, que repitió hasta la saciedad en las fachadas de las dos estructuras unidas. Intenten echar un vistazo al vestíbulo, con mucha discreción, en horario de oficina. La puerta de entrada, que no se ve fácilmente, se funde totalmente con la fachada. Dentro, las proporciones son sorprendentes –amplias bajo un techo bajo– y de materiales variados: hormigón lavado, marcos de madera que recalcan los "ojos de buey" y parqué de madera en pie. Fíjense en la entrada al sótano, que no es otra cosa que un agujero casi imperceptible ceñido por una rampa de acero. Unas obras de arte contemporáneas decoran el espacio.

ESTACIÓN WATERMAEL

En las fantasías de Paul Delvaux

Gare de Watermael
Avenue des Taillis 2-4
Cómo llegar: Autobús número 25, parada Watermael o autobús número 95, parada Arcades

Como las estampas de temática popular de Épinal del siglo XIX, la pequeña estación de Watermael tiene su atractivo. Durante mucho tiempo fue fuente de inspiración para el pintor Paul Delvaux, que vivió treinta años no muy lejos de aquí, en la Avenue des Campanules 34A, antes de dejar Boitsfort e irse a Furnes. Delvaux, que usó la estación como escenario para sus fantasías nocturnas con mujeres con poca ropa, la llevó a la posteridad y participó en su conservación. Recientemente (¡y por fin!) restaurada, la estación ha recuperado una nueva e ingenua juventud. Aunque todavía hay trenes que se paran aquí en su trayecto al centro de la ciudad, al que se llega en unos 15 minutos, la estación ha perdido su función original. Transformada, la sala de los pasos perdidos en la planta baja sirve hoy de sala de exposiciones municipal y se puede alquilar.

La estación se construyó en los años 1845, cuando se planeó construir un ferrocarril entre Bruselas y Luxemburgo. Al final, tras un poco de revuelo, esta línea de 232 km abrió en 1859. En 1884, la SNCB decidió dar servicio a Watermael construyendo una pequeña estación y encargó a su empleado E. J. Robert que diseñara los planos. Inspirado en la naturaleza rural de la ciudad de aquella época, decoró las fachadas con una agradable combinación de ladrillos rojos y claros. La parte del andén tiene una marquesina de vidrio y hierro forjado y añade un toque encantador a este precioso edificio ecléctico.

QUÉ VER EN LOS ALREDEDORES

Casas adosadas ⑪

Rue des Taillis 7, 9, 11, 13 y 15

Frente al terraplén de ferrocarril, esta preciosa hilera de casas adosadas debe su encanto a sus *boiseries* de estilo *art nouveau* que da un toque casi infantil a las casas. Diseñadas por el pintor William Jelley (1856-1932), recuerdan la época en que Watermael era un popular destino vacacional.

Terraplén florido ⑫

Avenue de la Tenderie, junto al número 94

Hace unos doce años, este coqueto terraplén estaba lleno de basura y ortigas. Un vecino preocupado propuso al propietario del terraplén plantar flores en él. Así pues, todos los años, el vecino vuelve, con el único reto de no gastar un euro. Los vecinos de alrededor, encantados con esta iniciativa, aportan las plantas y las semillas.

UN PASEO POR LE COIN DU BALAI ⑬

Boitsfort entre la escoba y el bosque

Rue de la Cigale (entre los números 58 y 60, Rue Middelbourg), Krikelenberg, Rue du Grand Veneur, Drève de Bonne Odeur, Rue Eigenhuis, Place Rik Wouters, Rue de la Sapinière, Rue du Rouge-Gorge, Chaussée de la Hulpe, Rue Middelbourg
Cómo llegar: Tranvía número 94 o autobús número 95, parada Wiener; autobús número 17, parada Diabolo

Formado por pequeñas calles onduladas en el límite del bosque de Soignes, Le Coin du Balai, de difícil acceso, debe su nombre a una leyenda según la cual Carlos V agradeció a un campesino su hospitalidad otorgándole el privilegio exclusivo y transferible de fabricar escobas. Este barrio conserva su ambiente pueblerino gracias a sus pequeñas casas de obreros y jornaleros, cuya mayoría data de principios del siglo XX. La atmósfera aquí es decididamente positiva y agradable o, en otras palabras, típica de Boitsfort. Muchas de las fachadas están decoradas con detalles encantadores, testigos del amor de los vecinos por su barrio.

He aquí un recorrido circular e insólito, que les permitirá apreciar su encanto. Entre los números 58 y 60 de la Rue Middelbourg, suban las escaleras de la pequeña Rue de la Cigale. Llegarán a Krikelenberg; giren a la derecha. A su derecha, en la parte baja del castillo, verán una calle adoquinada que sube. Esta calle, que empezó siendo Rue du Grand Veneur antes de ser Drève de Bonne Odeur, unía antaño Boitsfort a Hoeilaert a través del bosque.

En el núm. 2, una pequeña granja de color rosa del siglo XVIII conserva sus dinteles de madera. En el patio, un pilar sostiene una bomba de agua. Tras pasar delante de una antigua casa forestal en la esquina de la Rue du Buis, sigan por la Drève de Bonne Odeur hacia el bosque. Tomen el primer camino a la derecha, que bordea la parte baja del cementerio, luego la Rue Eigenhuis, que tiene el mismo nombre que la empresa que construyó las pequeñas casas que la bordean. Esta calle, una cuesta pronunciada, sube a la Place Rik Wouters, llamada antaño Place de la Citadelle, el punto más alto del barrio.

El pintor fovista Rik Wouters tuvo su taller aquí en 1913, en el núm. 7. Sigan por la Rue de la Sapinière, luego giren a la derecha por la Rue du Rouge-Gorge. A la derecha, tomen la Chaussée de la Hulpe, la espina dorsal del barrio. En el núm. 200, el teatro Méridien tiene un jardín en la ladera de la colina, escenario de exposiciones y obras de teatro en verano. En los números 124-128 de la Rue Middelbourg, la *casbah* es un curioso edificio ecléctico (1911-1923), construido con elementos recuperados de la Exposición Universal de 1910. En el núm. 70, miren a través de la verja el caótico castillo de Jolymont, cuyos orígenes se remontan al siglo XVI.

DOMAINE DES SILEX

Una enorme pajarera al aire libre

Chemin des Silex (donde las señales indican la ubicación de la propiedad)
Abierto todos los sábados de 9.00 h a 18.00 h y el primer domingo de mes de
9.00 h a 12.00 h - Visita guiada gratuita el primer domingo de mes a las 9.30
h (sin reserva) - La visita empieza en la esquina del Chemin des Silex y de la
Avenue de la Foresterie - Tel.: 02 672 88 03 - www.cowb.be - info@cowbe.be
Cómo llegar: Tranvía número 94 o autobús número 95, parada Wiener;
autobús número 17, parada Étang de Boitsfort

Totalmente desconocido, el Domaine des Silex es un lugar sorprendente situado entre dos importantes espacios verdes bruselenses: el bosque de Soignes y el parque Tournay-Solvay. Leopoldo I, preocupado por mantener la belleza y la tranquilidad del valle de Vuylsbeek, amenazado por la urbanización de Boitsfort, compró esta pequeña finca de 4 hectáreas en 1901. Hoy propiedad de la Donación Real, está gestionada desde 1999 por la Commission Ornithologique de Watermael-Boitsfort (COWB, Comisión Ornitológica de Watermael-Boitsfort) y el organismo Bruxelles-Environnement, que han restaurado y reforzado su biodiversidad, lo que explica que abra tan pocos días al público. La finca se estructura en torno a un amplio estanque rectangular en el que antiguamente se pescaba y al que se llega por un camino de viejos cipreses. Los antiguos castaños y algunas coníferas que tal vez se plantaron en la época de Leopoldo contrastan levemente con la vegetación autóctona que se ha vuelto a plantar hace poco (juncos, huertas, árboles jóvenes, etc.) y reciben un tratamiento especial (las técnicas de siega y riego se adaptan a cada planta, las riberas se disponen de tal manera que protegen las plantas, etc.). El resultado es un entorno natural único e insólito en Bruselas, donde los carriceros comunes, los andarríos chicos y grandes, y algunas especies de murciélagos se han vuelto a instalar. Pero esto no es todo, 153 especies de aves viven aquí, transformando el estanque en una pajarera al aire libre. Si el canto de las aves no es lo suyo, tienen dos opciones: apuntarse a una visita ornitológica con un experto (cada primer domingo de mes) o disfrutar de la vida a la sombra de uno de los manzanos de la huerta…

VILLA SCHOVAERS

Una casa de campo salvada de la urbanización

Avenue Franklin Roosevelt 89A
Se accede por la parte de atrás, por un camino que bordea el bosque de la
Cambre que empieza al final de la Avenue Victoria
Cómo llegar: Tranvía números 25 y 94, parada Marie-José

En 1907, la ciudad de Bruselas se anexó al pueblo de Ixelles, conocido como Solbosch, con el fin de preparar y celebrar aquí la Exposición Universal de 1910. En vistas a este acontecimiento, se expropiaron todos los terrenos y se demolieron los edificios, principalmente granjas y casas de campo. Curiosamente, una vieja casa de campo escapó a la demolición. Ahora, situada un poco apartada de la Avenue Roosevelt, daba antiguamente a un trozo de la Avenue Victoria, que sigue existiendo, pero ahora es solo un sendero. Al final de la Avenue Victoria, tomen el sendero, paralelo a la Avenue Roosevelt, en el límite del bosque de la Cambre. A unos doscientos metros a su izquierda, verán la casa que mezcla sin miedo el neorrenacentismo flamenco y el *art nouveau*.

El arquitecto Alfons Greens la diseñó en 1904 para el notario Alphonse Schovaers. Junto con la Casa Delune en la Avenue Franklin Roosevelt 86, es el único edificio de todo el barrio de Solbosch anterior a la Exposición Universal de 1910 que se ha conservado íntegramente.

Las fachadas, todas diferentes, están decoradas con muchos retranqueos y las ventanas ofrecen un amplio abanico de formas. La casa tiene esculturas de personajes masculinos calvos y encadenados o relieves que parecen campesinos.

QUÉ VER EN LOS ALREDEDORES
Villa Empain

Avenue Franklin Roosevelt, 67
www.villaempain.com

La Avenue Franklin Roosevelt destaca por sus ostentosas casas, cuya mayoría data de la época de entreguerras. Sin embargo, en el número 67, la Villa Empain, obra de arte severa del *art déco* (arquitecto M. Polak) alberga la fundación Boghossian que trabaja para construir diálogos interculturales entre occidente y oriente. En cuanto los trabajos de restauración terminen, no olviden visitar una de sus exposiciones para así poder admirar su increíble interior.

Madison De Bodt. Institut des Arts Visuels de la Cambre
⑰
Avenue Franklin Roosevelt 27-29

Esta imponente construcción modernista esconde en realidad dos villas diseñadas para la familia De Bodt por el famoso arquitecto Henry Van de Velde en 1929-1930. Van de Velde fue uno de los líderes del movimiento *art nouveau* antes de convertirse en un acérrimo defensor de un modernismo casi cubista y de fundar la Escuela de la Cambre. De hecho, la escuela ocupa esta construcción. Empujen discretamente la puerta para echar un vistazo.

QUÉ VER EN LOS ALREDEDORES

Musée de la Marionnette-Théâtre Peruchet (18)

Avenue de la Forêt 50

El Musée de la Marionnette (museo de la marioneta) y el teatro de marionetas de Peruchet comparten una antigua y preciosa posada de postas del siglo XVIII, vestigio del Boondael rural. Fíjense en los comederos situados demasiado arriba y demasiado cerca del muro para ser usados por animales con cuernos. Servían para dar de comer a los caballos de los jinetes de paso.

Aunque el museo reúne varios miles de piezas de distintas épocas y regiones (Europa y Asia principalmente), es sobre todo el teatro el que reviste especial interés.

Tanto para los padres que quieren que sus hijos se diviertan, como para otro tipo de visitantes que seguramente se enternecerán con las reacciones del público joven: desde la niña aterrada que se pasa casi todo el espectáculo tapándose los oídos al niño que participa activamente saltando, gritando y contestando a las preguntas, ¡tal vez salgan de ahí con ganas de tener niños! Creado en 1932, el teatro y el museo ocuparon este lugar en 1968.

QUÉ VER EN LOS ALREDEDORES
El águila de la Casa Delune   ⑲

Avenue Franklin Roosevelt 86

Esta casa con su cautivante arquitectura tiene una extraña y misteriosa historia: construida en 1914 por León-Joseph Delune con motivo de la Exposición Universal de 1910, fue la única superviviente del terrible incendio que arrasó el resto de los edificios de la Exposición. Observen su curiosa orientación con respecto a los edificios vecinos y la ausencia de un acceso directo a la calle: se planeó hacer una rotonda aquí mismo. Club de *ragtime* durante la Expo, ocupada por los nazis durante la Segunda Guerra Mundial, abandonada y okupada por estudiantes, usada incluso para traficar con armas según los rumores, la Casa Delune fue restaurada al fin en 1999. Tómense su tiempo para admirar los tejados, los esgrafiados de Paul Cauchie, así como el águila dorada que, tras haber sido robado y encontrado en un anticuario, ha sido devuelto a su tejado.

CASTILLO CHARLE-ALBERT

Un antiguo castillo encantado fielmente restaurado

Avenue Charle-Albert 5-7
Cómo llegar: Tranvía núm. 94 y autobús núm. 95, parada Wiener
Visible desde fuera
No se visita

El castillo Charle-Albert es una de esas joyas del patrimonio arquitectónico bruselense totalmente desconocidas: en este lugar, la Avenue Charle-Albert es de sentido único, está aislada y prácticamente solo la usan los trabajadores de la compañía de seguros cuyas oficinas se encuentran justo enfrente.

Artista y decorador que hizo fortuna trabajando para la alta nobleza y la burguesía belga e internacional en la segunda mitad del siglo XIX, Albert Charle (llamado Charle-Albert, de ahí el nombre del castillo) diseñó él mismo este castillo de estilo neorrenacentista flamenco. Ricamente decorado por su autor, el castillo era característico de los gustos de la burguesía triunfante de la segunda mitad del siglo XIX.

En 1933, el castillo pasó a ser la residencia personal de Paul Van Zeeland, primer ministro en el periodo de entreguerras. El castillo sufrió dos incendios en los años 1980 y quedó abandonado durante treinta años. Las inclemencias del tiempo, los saqueos y el vandalismo hicieron el resto.

Su tardía catalogación por la Comisión de Monumentos y Sitios no cambió nada. Pero en 2012, un adinerado español de ascendencia noble, Luis Fidalgo, compró el castillo para tener una segunda residencia familiar. Tras unas largas obras de restauración concluidas en 2014, el castillo Charle-Albert y sus alrededores recuperaron su esplendor de antaño.

295. — Boitsfort. — Château Charles-Albert.
Photo, La Cartophilie Belge, Bruxelles.

ÍNDICE ALFABÉTICO

ÍNDICE ALFABÉTICO

ÍNDICE ALFABÉTICO

CRÉDITOS FOTOGRÁFICOS::
Nicolas van Beek excepto:

Nathalie Capart: palomas-soldado, ruta del plátano, casa Rue Rempart des Moines, Baños de Bruselas, fachadas del barrio Saint-Boniface, Rue Malibran 47, Rue Faider, paseo art nouveau alrededor de los estanques de Ixelles, maison Saint-Cyr, maison Van Dyck, Avenue de la Chasse, ciudades jardín, Rue Porselein, La Poudrière, escuela número 8, Cité Diongre, Avenue Jean Dubrucq, taller Salu, Cine Bunker, Rue Renkin, escuela número 13.

Isabelle de Pange: Quai au Briques 62, fuente fisiognómica de Magritte, una lectura alquímica de la Grand-Place, azulejos de Privat-Livemont, Pedro el Grande en el Parc Royal, cafetería de la Biblioteca Real, Rue Souveraine 52, casas de Paul Hankar, arcadas del Cinquantenaire, Cité Jouet-Rey, museo de la Policía, paseo art nouveau en Saint-Gilles, casa y taller de Louise de Hem, cité-jardin de la Roue, cité-jardin de Moortebeek, cueva de Lourdes, cripta y tumba de san Guido, antigua sede de la Seguridad Social, casas del 26 al 32 de la Rue de Greffe, cervecería Le Royal, detalle urbano, desconocida fachada art nouveau Rue Van Hasselt, ayuntamiento de Schaerbeek, iglesia Sainte-Suzanne, Square Coghen, monumento a los guardas forestales, Castel de Linthout, paneles de azulejos Avenue Dietrich, ICHEC, obra de arte de Peter Weidenbaum y poema de Agnieszka Kuciak, tranvía 44, capilla de María la Miserable, molino de Lindekemale, jardín de las plantas medicinales Paul Moens, cité-jardin du Kapellevelt, Lucien Kroll en Louvain-en-Woluwe, Rue de la Pente et Rue du Verger, capilla de Saint-Marcellin Champagnat, casa del arquitecto Henri Lacoste, AXA, sede de Cimenteries et Briqueteries Réunies (CBR), estación de Watermael, Villa Schovaers, águila de la Maison Delune.

Marie Resseler: los capiteles del ayuntamiento, los secretos del Parc d'Egmont, Freddy d'Hoe: restaurante Chez Vincent, restaurante Indochine, talleres de modelado, templo tibetano de la Rue Capouillet, ayuntamiento de Saint-Gilles.

Françoise Natan: casa de Avenue du Mont Kemmel 5, Musée Belge de la Franc-Maçonnerie, granja del Parc Maximilien, los baños del restaurante Belga Queen, Musée du Jouet, antigua camisería Niguet, Maison Anna Heylen - Hôtel Frison, antigua rotonda del aparcamiento Panorama, la Pasionaria, Musée Wiertz, Albert Hall, la "buvette" del Café des Spores, ascensor Paternoster de la SNCB, Musée Maurice Carême, Institut Redouté - Peiffer, Musée de Chine, preciosas fachadas, los capiteles del ayuntamiento, Musée des Égoûts, Aquarium de Bruxelles – Centre d'aquarologie, cementerio de Laeken, teatro al aire libre, iglesia Sainte-Julienne, detalle urbano, el jardín de la Maison des Arts Gaston Williot, el Moeraske, Royal Étrier belge, Carré Tillens, Carrés de Uccle, Carré Stevens, camino del Delleweg, casa del nº 120, Avenue de Tervueren, dos castillos perdidos en el bosque, antiguo hipódromo de Boitsfort, Domaine des Silex, Musée de la Marionnette - Théâtre du Peruchet.

Alessandro Vecchi: neveros de la Place Surlet-de-Chokier, vidrieras de la catedral de san Miguel y santa Gúdula, búnker del Parc Royal, marquesina real del palacio de Bellas Artes, sala de espera real de la Gare Centrale, frescos subterráneos de Delvaux y Magritte, monumento De Smet de Naeyer, chalé noruego, placa del 71 de la Rue du Viaduc, estatua de Jean de Selys Longchamps, los vestigios del parque de la Couronne, el primer árbol catalogado en Bruselas, recepción del hospital Saint-Michel, castillo Charle-Albert.

AGRADECIMIENTOS:

Hélène Ancion, Dan Assayag, Pierre Bernard, Émilie de Beaumont, Kees y Aude van Beek, Florent Billioud, Stéphanie Billioud, Xavier Blois, Philippe Bonfils, Christine Bonneton, Ludovic Bonneton, Louis-Marie Bourgeois, Christian Bussy, Marcel Celis, Madame van Cutsem, Véronique Damas, Philippe Decelle, Danielle De Clercq, Robert Dejardin, Marie Demanet, Édouard Desmet, Viviane Desmet, Madame Draps, Helena van Driessche, Thierry Durieux, Caroline Épuran, Vincent Formery, Thierry Fovel, Serge y Céline Gachot, François-Régis Gaudry, Marie-Hélène Genon, Azmina Goulamaly, Romaine Guérin, Thierry Hofmans, Stéphanie Huet, Aurélie Jonglez, Timothée Jonglez, Pierre Kergall, Daniel Kilimnik, Anne-Lize Kochuyt, Benoît de la Chapelle, Ghislain de la Hitte, Alexandre de Lalaing, Frédéric Leroy, Anne Lodens, Axelle y Gilles Martichoux, Adrien Masui, Catherine Van Meerbeek, Bernadette Mergaerts, Louis Motquin, Murielle Muret, Jean-Baptiste Neny, Madame Olivier, Alexandra Olsufiev, Marianne y Fabrice Perreau-Saussine, Francois y Sally Picard, Patricia de Pimodan, Valérie Renaud, Charles-Edouard y Géraldine Renault, Olivier Renotte, Nicole Robette, Renaud Rollet, Danièle Roose, Cécile Schaack, Marijke Schreurs, Jacques de Selliers, Caroline Van Campenhout, Antoine van der Straeten, Sylvain Tesson, Robert de Thibault, David Titeca, Liliane Trap, Anne Vézinau, Marie du Vivier, Chehem Watta, Florence van de Werve y a todos los que nos han abierto sus puertas durante nuestros paseos.

Un agradecimiento especial a Marie Resseler.